美国对华新贸易保护主义的负效应

蔡强 著

中国财政经济出版社

图书在版编目（CIP）数据

美国对华新贸易保护主义的负效应/蔡强著．—北京：中国财政经济出版社，2014.1

ISBN 978-7-5095-4630-7

Ⅰ.①美… Ⅱ.①蔡… Ⅲ.①对华政策-对外贸易政策-贸易保护-研究-美国 Ⅳ.①F757.120.2②F752.771.2

中国版本图书馆 CIP 数据核字（2013）第 152856 号

责任编辑：刘五书　林治滨　　　责任校对：张　凡
封面设计：朱　江　　　　　　　版式设计：董生平

中国财政经济出版社 出版

URL：http：//www.cfeph.cn

E-mail：cfeph @ cfeph.cn

社址：北京市海淀区阜成路甲 28 号　邮政编码：100142

营销中心电话：88190406　北京财经书店电话：64033436　84041336

涿州市新华印刷有限公司印刷　各地新华书店经销

787×960 毫米　16 开　11.5 印张　200 000 字

2014 年 1 月第 1 版　2014 年 1 月涿州第 1 次印刷

定价：23.00 元

ISBN 978-7-5095-4630-7/F·3755

（图书出现印装问题，本社负责调换）

质量投诉电话：88190744

反盗版举报热线：88190492、88190446

目　录

第一章
绪 论

一、选题背景及研究意义

（一）选题背景

改革开放三十多年来，在我国施行投资加出口拉动经济增长的发展模式下，中国经济取得了快速发展，创造了世界经济发展史上的“中国奇迹”。多年来，中国对外贸易进出口额持续快速增长，对外贸易对我国的经济增长贡献巨大。但伴随而来的是我国的对外贸易依存度常年居高不下，2000 年至 2009 年我国对外贸易依存度平均值达到了 0.532，过高的贸易依存度导致我国经济发展对外依赖显著。在世界政治经济局势日益复杂化的今天，特别是 2008 年世界经济危机爆发之后，新贸易保护主义开始在全球泛滥。中国已经成为近些年世界上遭受贸易壁垒最多的国家，中国的外贸安全问题日益突出。

与传统贸易保护主义相比，新贸易保护主义不仅仅只为保护本国的幼稚产业和新兴产业，更多的是为了削弱他国产品的竞争力和遏制他国的发展。其施行的保护手段也更加多样化，反倾销、反补贴、保障措施等传统保护手段仍被频繁应用。与此同时，发达国家依靠其经济和技术优势，还设置了技术壁垒、绿色壁垒、知识产权壁垒等大量新的贸易壁垒。而且为了遏制他国经济的发展，还对其进行高科技产品的出口限制。与传统贸易保护主义相比，新贸易保护主义的危害更大，影响更深远。本书主要研究美国对华新贸易保护主义给中美两国造成的伤害。

中国作为最大的发展中国家，美国作为最大的发达国家，中美经贸关系不可避免地成了两国乃至世界上的最为重要的双边经贸关系。自 1979 年中美两国经贸关系正常化之后，中美贸易额总量从 1979 年的 23 亿美元增长到了 2009 年的 3659. 8 亿美元，增长了近 160 倍。2009 年，美国对中国出口 695. 8 亿美元，从中国进口 2964. 0 亿美元。美国已经成为中国最大的出口市场和最重要的贸易伙伴，同样，中国也已经成为美国的第二大贸易伙伴、第三大出口市场和首要进口市场，以及最大的贸易逆差来源国。这些都决定了中美经贸关系对中美两国经济发展的重要性。

改革开放以来，中美经贸关系快速发展、利益交织不断，美国对华贸易政策也随着国际政治经济形势的变化而不断发展变化。中国经济的快速发展、中国整体实力的不断壮大、中国越来越大的国际影响力、中国在国际政治事务中越来越重的话语权，这些都不得不使美国越来越重视中美的经贸关系，以寻求中国在国际事务中的支持和在中美贸易合作中更多的利益。但是在美国影响力逐渐减弱、世界多元政治经济格局逐渐形成的情况下，美国持续的对外贸易逆差，特别是对中国贸易逆差的不断扩大，加之经济危机后美国经济遭到沉重打击、复苏缓慢，这些使得美国的贸易保护主义思想泛滥。在以遏制中国崛起和保护本国利益的前提条件下，美国政府一直对中国施行贸易保护主义政策，不断发起反倾销、反补贴等贸易救济措施制造中美贸易摩擦，设置重重贸易壁垒限制对中国产品的进口，同时也限制高科技产品对中国的出口，而且一再逼迫人民币升值。中美经贸关系日益复杂化。

（二）研究意义

由于我国经济对外依赖性强，与外国的经贸关系对于我国经济的稳定健康发展具有重要意义。美国作为最大的发达国家，具有很强的国际影响力和表率作用，同时美国也是中国最重要的贸易伙伴，因此，美国对华贸易保护主义政策对我国对外经贸关系影响尤为显著，对我经济的健康发展危害很大。

新中国成立以后，美国对中国的贸易政策随着国际政治经济格局的转变，以美国的国家利益为根本，一直在进行着不断地调整，但总体上来看，美国对中国一直以来主要施行的是贸易保护政策。新中国成立初期美国对中国经济进行全面封锁；冷战时期出于联中抗苏的目的而又转向了经济合作；随着苏联的解体、东欧的巨变，美中关系恶化，美国又对中国在经济上进行了遏制；随着中国的崛起，特别是2008年世界经济危机之后，美国的新贸易保护主义开始泛滥，中美贸易摩擦不断发生，而且愈演愈烈。

从历史上来看，无论是哪个时期，美国对华贸易政策都会对中国经济的发展产生显著的影响。随着国际政治经济局势的日益复杂化，世界各国经济彼此之间的联系越来越紧密，而且中国经济对外高度依赖的情况短期还难以改变。在这种情况下，研究美国对华贸易保护政策对中美两国的影响，特别是有哪些负效应，显得尤其重要。以便于中国能对症下药，制定相应的政策措施对这些负效应加以避免和防范。同时，美国对中国施行贸易保护主义，对美国自身也造成了很大的伤害。限制对中国的出口，将使美国工业产业空心化，增加美国的失业率，延缓美国经济的复苏。限制中国产品的进口，将牺牲美国消费者的利益，扭曲美国国内的产业结构，美国必将“搬起石头砸自己的脚”。希望本书的研究能对美国的贸易保护主义者们起到一定的警示作用。

二、研究综述

（一）美国对外贸易政策研究综述

美国作为当今全球最发达的经济体，其在贸易理论研究和贸易政策的运用上也是当今世界最领先的国家。美国的对外贸易政策一直是根据美国对外贸易的实际需要和美国本身的利益需求而不断发展变化的。第二次世界大战后，美国的贸易政策中始终掺杂着自由贸易和贸易保护主义色彩。美国贸易政策不论是以自由贸易为主，还是以贸易保护为主，始终都是从美国利益出发，制定最有利于美国发展的对外贸易政策。近些年来，美国对外贸易政策的调整主要有：贸易政策基本方针的调整；贸易政策手段的变化；完善外贸立法，强化对外贸易政策的主动性、攻击性；贸易政策行动的调整；贸易政策的重心转向鼓励扩大出口。近年来，美国对外贸易政策制定中最明显的特点之一是采取进攻性的贸易保护主义手段，注重发挥政府在贸易保护政策制定中的作用，利用多元谈判和贸易报复手段，开拓国外市场，并通过对相关国家施加政治和经济压力，迫使其对美进行让步，以保护美国本土产业。美国的对外贸易政策一直具有两面性，即在美国企业竞争力强的行业，美国采取的是自由贸易政策，而在美国的弱势行业，美国一直采取保护主义政策。可见，美国的对外贸易政策的制定始终是以美国的自我政治经济利益为中心的。美国所谓的“公平贸易”中始终包含着有利于美国的保护主义。相对于传统的贸易保护主义，新贸易保护主义的主要特点有：保护措施种类更多，形式上更加隐蔽；保护的产品扩展到了货物贸易中的几乎所有商品类别；建立了关于反倾销、反补贴、救济措施等的一系列政策法规，使贸易保护主义合法化；以保护环境、保护人权、保障劳工权益等为借口，采取“合理”的贸易保护措施。随着中国等发展中国家经济的崛起，世界经济多元化格局的形成，美国的世界经济霸主地位受到了威胁，同时美国国内产业的国际竞争力相对变弱，其在全球市场上所占份额逐步缩小，这些都使美国加大了贸易保护的力度。同时，由于美国对外贸易持续逆差，国际收支状况恶化，这也加大了美国经济调整的压力，成为美国新贸易保护主义泛滥的一个内在原因。美国政府部门在裁决反倾销案件时，美国对外贸易失衡是其主要影响因素之一。随着国外进口商品的冲击加剧和出口份额的丧失，美国工商界和工会将美国经济的衰退归因于外国对美国的贸易保护和市场不完全开放，这也为美国实行贸易保护提供了理由。美国的贸易政策具有周期性，当经济不景气、失业率增高时，美国倾向于采取更多的保护贸易措施。美国国内的不同利益集团对美国对外贸易政策的制定具有很大影响，美国国内一直存在两派势力：一派是传统的自由贸易主义者，主张自由贸易；另一派是由劳工组织、人权组织、环境保护组织和新

"左派"构成的贸易保护主义者，主要主张实行保护主义对外贸易政策，以保护美国的利益。美国国会具有制定贸易政策的主动权，国会容易受到利益集团的影响，这使国会更加倾向于贸易保护主义。美国的选举政治使政府和国会等不得不重视相关利益集团的贸易保护要求，利益集团对美国对外贸易政策的制定具有一定的影响。

（二）美国对华贸易保护主义研究综述

1979 年中美经贸关系正常化以来，美国对华贸易政策一直处于不断调整过程中。1979—1989 年，美国政府先后采取了一系列有利于中美经贸关系发展的政策措施，建立和加强了同中国政府在经贸领域的对话和磋商。但 1989 年北京政治风波后，美国政府开始对中国采取了经济制裁措施和遏制政策。克林顿政府执政后，认识到了与中国经贸关系的重要性，对华贸易政策转变为了以包容、合作、发展为主题，并且积极支持中国加入世界贸易组织。"9·11"事件后，国际政治和经济格局发生了转变，又由于中国加入了世界贸易组织，美国对华贸易政策也以合作为主要基调。自中国加入 WTO 以来，美国一直对中国融入全球贸易体系的情况进行着监控，以确保中国遵守"入世"承诺。这段时期，美国对华贸易政策的主要目标是促使中国进一步开放市场、扩大内需、扩大美国对华出口，改变中美贸易失衡状况。

多年以来，美国对华贸易政策一直具有双重性质，政策的制定既受美国战略的影响，同时也受到中美政治、经济关系的制约。美国对华贸易政策是其对华整体战略的重要组成部分，在经济上既要考虑在对华贸易中获利，又要保护国内产业；在政治问题上既要考虑遏制中国的崛起，又要寻求中国在国际事务上的支持与合作。这突出地表现在以下五个方面：一是给予中国永久性正常贸易关系地位，但又出台了新的替代法案以牵制、限制中国的发展；二是支持中国加入世贸组织，却不承认中国的市场经济地位；三是提高了对华投资层次，加大了对华贸易的力度，但同时还对中国进行"技术锁定"和"出口管制"；四是有合作、共赢意识，却又搞贸易单边主义；五是"冷战思维"照旧，经常将贸易问题政治化。美国对华贸易政策的不确定性主要产生于中美贸易的不平衡性，贸易保护主义势力在美国国内仍有相当的影响力，一些反华组织阻挠中美经贸关系的进一步深化和政治关系的发展。中国已成为美国反倾销调查的头号目标国家。美国对华实施反倾销措施具有明显的歧视性，并且中国企业在涉案调查中被征收反倾销税的比例最高，被征收反倾销税的平均税率最高。美国对华实行保护性贸易政策主要是为了缓解美国与其他国家的贸易摩擦，保护传统产业成本优势，为美国宏观经济不平衡寻找"替罪羊"。同时也为了缓解美国国内失业压力，维护美国在全球的霸主地位。美国对华贸易政策不仅仅是一个经济问题，也是一个政治问题。要判断美国对华贸易政策的未来发展趋势，必须把它放入政治经济的分析框架中来考察。

美国有些人认为，人民币币值低估造成了中国产品过低的出口价格，而且中国不顾劳工的权益而保持着劳动力的低工资，没有完全履行"入世"承诺，这些误解导致中美贸易摩擦不断。由于中国人口众多，劳动力成本低下，出口产品多为劳动密集型产品，具有较强的价格竞争力。美国同类产品相对于中国产品缺乏竞争力，大量进口中国廉价产品，会导致美国工人失业，为了保护本国相关产业，获得政治利益，美国政府对中国实施了贸易保护政策。而中国企业普遍缺乏防范意识和应对反倾销的措施，这使我国企业在贸易摩擦中常常陷于被动境地。中国经济对中美贸易的依存度要高于美国经济对中美贸易的依存度，所以当中美经贸关系发生变化，对中国经济的冲击要大于对美国经济的冲击。中国应对贸易保护的机制不够健全，缺少相应的政策法规，既缺乏对本行业信息和竞争力的掌握，又缺乏对国外相关贸易壁垒措施的了解。在企业遭遇国外贸易壁垒时缺乏相应的应对能力。在美国对华反倾销案件中，有一半案件中国企业没有去应诉，致使美国易于做出肯定性裁决。在中美贸易中，中国处于弱势地位，而美国掌握着主动权，这也助长了美国对中国施行贸易保护措施的气焰。

中国作为世界上最大的发展中国家和最大的社会主义国家，经济实力日益增强，与美国的综合实力差距越来越小。加上意识形态领域的不同，使得一些美国人认为中国的发展对美国构成了潜在威胁，更有部分美国人担心中国一旦掌握了核心设备和技术，将会对美国国家安全造成威胁。面对中国成为经济大国和贸易大国带来的威胁，美国政府更倾向于对华采取贸易保护政策。中美经济具有较强的互补性，随着双边经贸交往的不断深入，贸易争端不可避免，并且中美贸易不平衡的问题十分突出，美国对华贸易逆差逐年扩大。中美贸易不平衡是美国对华施行贸易保护措施的主要原因。同时，WTO 的某些规则不够清晰，这给贸易保护主义提供了生存的空间，而且美国等贸易大国无视国际贸易规则的存在或滥用国际贸易规则。中国加入 WTO 后美国不承认中国的市场经济地位，这也为美国对华实施贸易保护提供了便利条件。中国加入 WTO 以来，美国经常指责中国未能完全履行“入世”承诺，贸易保护措施成了美国压迫中国履行“入世”承诺的一种手段。

美国一直担心中国挑战美国的国际霸权地位，因而不希望中国快速发展，对中国发展情况的夸大和错误判断，进一步推动着美国对华采取贸易保护主义政策。美国的政治是选举政治，美国对华贸易政策的制定是由白宫、国会、各个利益集团和利益相关者共同博弈的结果。美国对华贸易政策是在政府和各个利益集团的共同作用下产生的均衡结果。美国政府部门在利益集团的压力下会采取对华贸易保护措施或者在贸易争端中做出有利于本国企业的裁决。来自行业的政治因素对美国政府在反倾销案件中的裁决具有显著影响。美国申诉者给国会议员提供的政治捐资十分显著地影响着反倾销案件税率的形成，申诉者的政治势力是美国对华反倾销呈现出歧视性的主要原因。在总统大选中，为了拉得政治选票，候选人经常把对华贸易问题与人权问题、知识产权保护、汇率制度等挂钩，把对华贸易逆差视为美国失业率居高不下的主要原因，每次大选前，美国政府都会在对华贸易政策上采取强硬立场。而且在国际政治经济格局中，中美有着不同的意识形态、价值观念、发展模式，美国固有的意识形态使其对中国的崛起很不放心，并且经常将中美经济问题与意识形态挂钩。

美国对华贸易保护政策给中国造成了一定的伤害。例如，美国集中对我国钢材实施的反倾销税和对中国的轮胎实施特保措施以后，这两类商品的出口额呈稳步下降的趋势，特别是2010年以来非常明显。同时由于美国是全球第一大国家，他所采取的贸易政策对其他国家具有“示范效应”，从而使其他国家产生“跟随效应”，也对中国相应产品实施保护措施。由于美国常常以技术标准、环境标准等措施对我国实施贸易保护，这在一定程度上限制了中国产品对美国的出口。但从另一方面来讲，这也有助于提高中国企业出口产品的质量和技术水平，促进企业更新技术、加强管理、增强自主研发能力等。尽管这是一种被动的调整，但也有助于提升企业出口产品的竞争力，最终突破各种非关税壁垒。贸易救济措施的使用与美国失业率密切正相关，是进入21世纪以来美国越来越常用的、相对较为隐蔽的新型贸易保护主义手段。

得益于中国贸易伙伴的多元化，中美局部贸易摩擦对中国相应产业的伤害不会太大。为权衡美国实施技术性贸易救济措施对中国出口的影响，2006年国家质检总局对全国31个省、市、自治区的2570家出口企业进行了抽样调查。2007年9月11日，《中国技术性贸易措施年度报告［2007］》正式发布，报告显示，2006年，有31.4%的出口企业不同程度地受到外国技术性贸易措施的影响，比2005年增长6.3%，企业因此而新增成本达191.55亿美元；企业全年出口直接损失359.2亿美元，同比增长71.1亿美元，损失额占出口总额的比重为3.71%。对我国实施技术性贸易措施影响较大的国家和地区中，美国排在欧盟之后列第二位，占我国因技术性贸易措施造成的直接损失总额的23.67%。美国通过知识产权保护，使中国的技术更新付出长期的代价，延缓中国的技术进步，从而起到从长期趋势上削弱中国经济增长势头的作用。中美贸易摩擦目前正围绕人民币升值的争论而展开，人民币汇率不仅会影响到中国所有出口产业的发展形势，更会影响到外汇市场的波动和国内市场上进口产品竞争力的变化，因此从理论上讲有可能引发全面的经济风险。

三、研究思路和方法

从中外学者对美国对华贸易保护主义问题的研究来看，研究成果多集中在美国对华实施贸易保护主义的原因、影响因素、对中国企业造成了哪些影响以及中国应该如何应对等方面。但贸易保护主义是一把双刃剑，美国对中国实施贸易保护主义、限制两国间的正常贸易，必然对中美两国都造成伤害，但现有的研究成果中，研究美国对华实施贸易保护主义对美国造成的伤害的成果不多。基于此，本书以马克思主义经济学为理论基础，结合计量经济学的实证方法，理论联系实际地论证了美国以遏制中国发展、维护美国世界霸主地位为根本目的，对华实施的一系列贸易保护主义政策不但给中国造成了一定的危害，而且美国也深受其害，美国对华施行贸易保护主义的结果实际上是两败俱伤，而且从长期来看，美国遏制中国的目的不会实现，美国受到的危害将比中国更大。

本书首先简要回顾了中美经贸关系的发展历程，论证了中美贸易对中美两国是互惠互利的。继而对美国对华制定贸易保护主义政策的影响因素、最终目的进行了分析，具体研究了美国对华施行贸易保护主义的具体措施，并结合马克思主义经济学对其进行了分析。美国对华实施贸易保护主义造成了美国工业的空心化，失业率增加，广大消费者利益受损。但同时，中国经济也受到美国保护主义的伤害，危及我国经济的正常秩序，造成了我国出口企业海外贸易环境的恶化。美国持续压人民币升值，削弱了我国产品的国际竞争力，造成了我国人民币对内贬值对外升值的困境，加剧了我国的通货膨胀，增加了我国经济宏观调控的难度。本书最后给出了面对美国的贸易保护主义，我国应该转变经济增长方式、优化出口商品结构、扩大对外投资和加强区域合作等应对之策。

美国对中国的贸易保护主义虽然暂时给中国造成了一定的伤害，但是有压力才有动力。随着中国经济的发展，产业结构的升级，经济整体实力的壮大，中国必然仍会快速发展壮大，中国的崛起是不可阻挡的。反之，贸易保护主义对美国的伤害将越来越大，美国实施损人不利己的保护主义的最终结果是“搬起石头砸自己的脚”，美国必将自食恶果。

第二章

中美贸易互利互惠

贸易是互利互惠的。多年来中美贸易的快速发展给中美两国带来了巨大的利益，促进了中美两国经济的快速发展、产业结构的优化升级、人们生活水平的普遍提高。但美国却一再以中美贸易失衡危害了美国经济的发展、损害了美国工人和消费者的利益为由，对中国实施了一系列贸易保护措施。本章论述了中美贸易不但给中国带来了好处，也给美国带来了很大的利益。中美贸易失衡对美国是有利无害的，它只不过是美国对华施行贸易保护主义的借口，其目的是遏制中国的发展，其结果是两败俱伤。

第一节 中美贸易促进中国经济增长

一、中国对外贸易快速发展

改革开放30多年来，中国经济迅猛发展，人民生活水平得到了大幅提高。中国国内生产总值（GDP）从1978年的2211.9亿美元上升到了2009年的47577.4亿美元，30多年来上升了20多倍。其中，对外贸易对我国经济增长的贡献巨大，我国的进出口总额从1978年的206.4亿美元快速增长到2009年的22072.6亿美元，30多年来增长了110多倍。中国进出口总额在世界上的比重也不断上升，从1978年的0.78%增长到了2009的8%左右，贸易总量的世界排名也从1978年的第32位上升到了2009年的第2位。中国出口总值1950年为世界第27位，到2009年已经上升为世界第1位。[①] 中国已成为全球重要的制造业加工生产基地，已经成为名副其实的贸易大国（表2-1）。

① 本段中数据由历年《中国统计年鉴》计算整理得到。

表 2－1　　改革开放以来中国对外贸易基本情况表　　单位：亿美元

年份	GDP	出口额	进口额	中国进出口总额	贸易依存度	世界进出口总额	中国占世界出口额占比（%）	位次	外汇储备额
1978	2211.9	97.5	108.9	206.4	0.093	26482	0.78	32	
1979	2612.6	136.6	156.8	293.4	0.112	33339	0.88		
1980	3034.4	181.2	200.2	381.4	0.126	40411	0.94		
1981	2869	220.1	220.1	440.2	0.153	40124	1.1	22	
1982	2812.2	223.2	192.9	416.1	0.148	37798	1.11	20	
1983	3017.6	222.3	213.9	436.2	0.145	36843	1.18	20	
1984	3106.9	261.4	274.1	535.5	0.172	38893	1.38	16	
1985	3069.8	273.5	422.5	696	0.227	39306	1.76	11	26.4
1986	2975.7	309.4	429	738.4	0.248	43260	1.70	12	20.7
1987	3239.8	394.4	432.2	826.6	0.255	50505	1.63	17	29.2
1988	4041.6	475.2	552.7	1027.9	0.254	57372	1.78	15	33.7
1989	4513.2	525.4	591.4	1116.8	0.247	61562	1.77	15	55.5
1990	3902.9	620.9	533.5	1154.4	0.296	69816	1.65	16	110.9
1991	4092	719.1	637.9	1357	0.332	69817	1.96	15	217.1
1992	4881	849.1	805.9	1655	0.339	74843	2.19	11	194.4
1993	6132.2	917.4	1039.6	1957	0.319	74635	2.62	11	212
1994	5592.1	1210.1	1156.2	2366.3	0.423	85074	2.8	11	516.2
1995	7279.7	1487.8	1320.8	2808.6	0.386	100607	2.8	11	736
1996	8561.1	1510.5	1388.3	2898.8	0.339	105184	2.78	11	1050.3
1997	9526.3	1827.9	1423.7	3251.6	0.341	109803	3	10	1398.9
1998	10195	1837.1	1402.4	3239.5	0.318	108209	3.02	11	1449.6
1999	10833	1949.3	1657	3606.3	0.333	111782	3.14	9	1546.8
2000	11985	2492	2250.9	4742.9	0.396	130300	3.64	7	1655.7
2001	13248	2661	2435.5	5096.5	0.385	122540	4.16	6	2121.6
2002	14538	3255.7	2952	6207.7	0.427	127600	4.86	6	2864.1
2003	16410	4383.7	4128.4	8512.1	0.519	156070	5.45	4	4032.5

续表

年份	GDP	出口额	进口额	中国进出口总额	贸易依存度	世界进出口总额	中国占世界出口额占比（%）	位次	外汇储备额
2004	19316.5	5933.7	5614.2	11547.9	0.598	185820	6.21	3	6099
2005	22357.5	7620	6601.2	14221.2	0.636	213050	6.68	3	8189
2006	26578.4	9690.8	7916.1	17606.9	0.662	244420	7.2	3	10663.44
2007	33824.5	12180	9558	21738	0.643	279967	7.76	3	15282.49
2008	43274.5	14285.5	11330.9	25616.4	0.592				19500
2009	47577.4	12016.6	10056	22072.6	0.464				23991.52

资料来源：根据历年《中国海关统计年鉴》、《中国统计年鉴》整理得到。

在我国施行出口导向型的发展战略模式下，多年来，中国对外贸易对GDP快速增长具有巨大的推动作用。从表2-1可以看出，1978年中国对外贸易依存度为0.093，到了2008年中国对外贸易依存度则达到了0.592。这充分说明了对外贸易对中国经济的快速发展的巨大促进作用，但同时也反映出中国经济对对外贸易的依赖性过高。在国际政治经济形势日益复杂化的今天，贸易保护主义在全球泛滥，贸易保护措施层出不穷，贸易摩擦越演越烈，中国的对外贸易安全问题就更值得我们研究了。

二、中美贸易快速发展

改革开放30多年来，虽然中美贸易摩擦不断，但中美贸易也取得了快速发展，对我国经济发展贡献很大。

表 2－2　　1998—2009 年中美双边贸易收支状况　　单位：亿美元

年份	中国对美国出口			中国自美国进口			中美贸易差额	
	出口额	占总出口额比例	同比增加	进口额	占总进口额比例	同比增加	差额	同比增加
1998	379.8	20.7%	16.1%	169.6	12.1%	4.0%	210.1	28.0%
1999	419.5	21.5%	10.5%	194.8	11.8%	14.8%	224.7	6.9%
2000	521	20.9%	24.2%	223.6	9.9%	14.8%	297.4	32.4%
2001	542.8	20.4%	4.2%	262	10.8%	17.2%	280.8	-5.6%
2002	699.5	21.5%	28.9%	272.3	9.2%	3.9%	427.2	52.1%
2003	924.7	21.1%	32.2%	338.6	8.2%	24.3%	586.1	37.2%
2004	1249.5	21.1%	35.1%	446.8	8.0%	32.0%	802.7	37.0%
2005	1628.9	21.4%	30.4%	486.2	7.4%	8.8%	1142.7	42.4%
2006	2034.7	21.0%	24.9%	592.1	7.5%	21.8%	1442.6	26.2%
2007	2327	19.1%	14.4%	693.8	7.3%	17.2%	1633.2	13.2%
2008	2523	17.7%	8.4%	814	7.2%	17.3%	1709	4.6%
2009	2208.2	22.0%	-12.5%	774.4	6.4%	-4.9%	1433.8	-16.1%

数据来源：1. 中华人民共和国海关统计资料 1998—2009 年。

2. 中华人民共和国国家统计局数据库 1998—2009 年。

3. 中华人民共和国商务部数据库 1998—2009 年。

由表 2－2 可见，1998 年中国对美国出口额为 379.8 亿美元，占总出口额的比例为 20.7%；中国自美国进口额为 169.6 亿美元，占总进口额的比例为 12.1%，中美贸易差额为 210.1 亿美元。到 2009 年，中国对美国出口额为 2208.2 亿美元，占总出口额比例为 22.0%；中国自美国进口额为 774.4 亿美元，占总进口额比例为 6.4%，中美贸易差额为 1433.8 亿美元。近 10 年来，中国对美国出口额占中国总出口额的比重平均在 20% 左右，进口额平均占 8% 左右。美国一直是中国重要的贸易伙伴国，中美贸易的快速发展对中国经济的快速增长具有很大的促进作用。同时，美国对中国的贸易保护措施也对中国危害很大。

三、中国服务贸易快速发展

中国货物贸易快速发展的同时，对外服务贸易也得到了迅速发展。尤其是加入世界贸易组织（WTO）以来，中国按照承诺逐步取消了服务领域对外资在地域、股权和业务范围等方面的限制，服务贸易各领域实际利用外资呈现出良好的发展势头（表2-3）。

表2-3　**1995—2008年中国服务贸易发展情况**　单位：亿美元

年份	金额（亿美元）				增长率（%）		
	进出口额	出口额	进口额	差额	进出口	出口	进口
1995	430.65	184.30	246.35	-62.05	34.01	6.46	27.55
1996	429.36	205.67	223.69	-18.02	-0.30	4.96	-5.26
1997	522.28	245.04	277.24	-32.30	21.64	9.17	12.47
1998	503.46	238.79	264.67	-25.88	-3.60	-1.20	-2.41
1999	571.32	261.65	309.67	-48.02	13.48	4.54	8.94
2000	660.04	301.46	358.58	-57.12	15.53	6.97	8.56
2001	719.33	329.81	390.32	-61.31	8.98	4.17	4.81
2002	854.61	393.81	460.80	-66.98	18.81	9.01	9.80
2003	1012.27	463.75	548.52	-84.77	18.45	8.18	10.27
2004	1336.57	620.56	716.02	-95.46	32.04	15.49	16.56
2005	1660.00	810.00	850.00	-40.00	24.20	30.53	18.71
2006	1928.30	920.00	1008.30	-88.30	22.00	24.00	20.00
2007	2509.10	1216.50	1292.60	-76.10	30.90	33.10	28.80
2008	3044.50	1464.50	1580.00	-115.50	21.30	20.30	22.20

数据来源：1. 中华人民共和国海关统计资料1998—2009年。

2. 中华人民共和国国家统计局数据库1998—2009年。

3. 中华人民共和国商务部数据库1998—2009年。

从表 2-3 中可见，1995 年至 2008 年，中国服务贸易进出口总额从 430.65 亿美元增长到了 3044.5 亿美元，增长了约 7 倍多。在贸易规模迅速增长的同时，服务贸易结构也渐趋优化，旅游、运输等传统行业在服务贸易进出口总额中的占比逐年下降，保险、计算机和信息服务、咨询等新兴行业的占比逐步上升。目前，新兴行业已经占中国服务贸易出口总额的一半左右。商务部的统计显示，2005 年至 2009 年，中国电信、金融、计算机和信息服务出口额年均增长率分别为 25.4%、28.9% 和 37.1%。虽然我国的服务贸易近些年取得了快速发展，但是与发达国家相比，还是存在着不小的差距。

第二节

中美贸易加速中国经济结构的更新

一、中国出口商品结构的优化

出口商品结构是衡量一国对外贸易结构是否合理的重要依据。按照附加值的高低，出口商品一般分为两大类——初级品和工业品。初级品一般附加值低，增长方式以粗放型为主；工业品附加值一般较高，增长方式以集约型为主。改革开放前，我国的出口商品主要以原材料和初级品为主；改革开放后，特别是 1980 年以后，我国的出口商品结构逐渐发生了很大的变化（表 2-4）。

表 2－4　　1980—2009 年中国出口商品结构　　单位:%

年份	初级品占比	工业品占比	年份	初级品占比	工业品占比
1980	50.30	49.70	1995	14.44	85.56
1981	46.57	53.43	1996	14.52	85.48
1982	45.02	54.98	1997	13.10	96.90
1983	43.28	56.72	1998	11.15	88.85
1984	45.66	54.34	1999	10.23	89.77
1985	50.56	49.44	2000	10.22	89.78
1986	36.43	63.57	2001	9.90	90.10
1987	33.54	66.61	2002	8.77	91.23
1988	30.32	69.68	2003	7.94	92.06
1989	28.70	71.30	2004	6.83	93.17
1990	25.59	74.41	2005	6.44	93.56
1991	22.47	77.53	2006	5.46	94.54
1992	20.02	79.98	2007	5.05	94.95
1993	18.17	81.83	2008	5.44	94.56
1994	16.29	83.71	2009	5.25	94.75

资料来源：根据历年《中国统计年鉴》（中国统计出版社）整理得到。

从表 2－4 中可以看出，我国出口商品结构不断优化，低附加值的初级品从 1980 的 50.3% 持续下降到 2009 年的 5.25%，而同期工业品占比持续大幅上涨，从 1980 年的 49.7% 上升到了 2009 年的 94.75%，工业品在中国出口商品中占据绝对主导地位。随着中国对外贸易量的不断扩大，出口主导商品也由资源密集型、劳动密集型快速向资本密集型和技术密集型进行了转化。

二、进口商品结构的优化

1978 年以来，中国的进口商品一直是以工业品为主，初级品为辅的格局。

工业品与初级品的比重基本维持在2∶8左右（表2－5）。

表2－5　　中国1997—2009年进口商品结构　　单位：%

年份	1997	1998	1999	2000	2001	2002	2003	2004	2005	2006	2007	2008	2009
初级品占比	20.10	16.36	16.20	20.76	18.78	16.69	17.63	20.89	22.38	23.65	25.42	32.03	28.74
工业品占比	79.90	83.64	83.80	79.24	81.22	83.31	82.37	79.11	77.62	76.35	74.58	67.97	71.26

资料来源：根据历年《中国统计年鉴》（中国统计出版社）整理得到。

从表2－5可以看出，近年来，在初级品中矿物燃料、润滑油及有关原料等商品的进口额逐步上升，反映了我国的产业结构正从轻纺等劳动密集型产业向重化工等资本密集型产业转移。同时，由于我国工业化进程的推进，化工类商品、高技术商品和机械类、运输类产品的进口也逐年攀升。

三、中国对外贸易市场结构的优化

（一）中国主要贸易伙伴国的变化（表2－6）

表2－6　　中国主要贸易伙伴国的变化（1990—2007年）

名次	1990年		1995年		2000年		2005年		2007年	
	国家地区	占比%	国家地区	占比%	国家地区	占比%	国家地区	占比%	国家地区	占比%
1	中国香港	31.06	日本	20.46	日本	17.53	欧盟	20.1	欧盟	16.4
2	日本	15.19	美国	15.50	美国	15.70	美国	19.1	美国	13.9
3	美国	11.52	欧盟	14.36	欧盟	14.56	中国香港	15.1	日本	10.9

续表

名次	1990年		1995年		2000年		2005年		2007年	
	国家地区	占比%	国家地区	占比%	国家地区	占比%	国家地区	占比%	国家地区	占比%
4	欧盟	8.92	中国香港	14.09	中国香港	11.37	日本	8.4	东盟	9.3
5	苏联	4.57	中国台湾	6.37	韩国	7.27	东盟	7.7	中国香港	9.1
6	新加坡	2.73	韩国	6.05	中国台湾	6.44	韩国	4.6	韩国	7.4
7	加拿大	2.01	新加坡	2.46	新加坡	2.28	俄罗斯	2.3	中国台湾	5.7
8	澳大利亚	1.90	俄罗斯	1.95	澳大利亚	1.78	印度	2.0	俄罗斯	2.2
9	泰国	0.89	加拿大	1.5	马来西亚	1.7	中国台湾	1.9	澳大利亚	2.0
10	古巴	0.78	澳大利亚	1.5	俄罗斯	1.69	加拿大	1.6	印度	1.8

资料来源：根据历年《中国统计年鉴》（中国统计出版社）整理得到。

从贸易总额上看，中国的主要贸易伙伴国位次经常变化。1978年以前，中国香港一直是中国内地最大的贸易伙伴，1993年日本成了中国的第一大贸易伙伴，2004年欧盟替代日本成了中国的第一大贸易伙伴。随着中国工业化进程的加快，俄罗斯、印度、加拿大和澳大利亚等资源和原材料大国与中国的贸易额迅速扩大，这些国家已经成为中国的主要贸易伙伴国。从表2-6中可见，中国的前4位贸易伙伴的贸易总额所占比重呈现连续下滑态势，从1990年的66.69%下降到了2007年的50.5%。这说明，中国的主要贸易伙伴国正在逐步分散，中国对外贸易的市场结构正在多元化。

（二）中国主要出口市场的变化

20世纪90年代以前，香港一直是内地最大的出口市场，但20世纪90年代以后，美国和欧盟成为中国最主要的出口国家和地区。2000年以来，中国的前4大出口国家（地区）一直是美国、欧盟、香港和日本，但是对他们的总出口额正在逐步下降，2000 年为 70.8%，2009 年下降到了 60%，这表明中国的出口市场的集中度正在分散，我国出口市场结构正在逐步优化。

表 2－7 2001—2009 年中国主要出口国家（地区） 单位：亿美元

年份	2001	2002	2003	2004	2005	2006	2007	2008	2009
总值	2660.98	3255.96	4382.28	5933.26	7619.53	9689.78	12204.56	14306.93	12016.12
亚洲	1409.18	1703.59	2226.06	2955.00	3664.31	4558.36	5680.11	6632.95	5685.97
日本	449.41	484.34	594.23	735.14	839.92	916.39	1022.71	1161.34	979.11
韩国	125.19	155.35	200.96	278.18	351.09	445.26	561.41	739.51	536.80
中国香港	465.41	584.63	762.89	1008.78	1244.81	1553.85	1844.32	1907.43	1662.33
中国台湾	50.00	65.86	90.05	135.45	165.50	207.35	234.58	258.78	205.05
东盟	183.76	235.68	309.25	429.02	553.71	713.14	941.79	1141.43	1062.97
新加坡	57.91	69.84	88.69	126.87	166.33	231.85	296.38	323.00	300.66
非洲	60.06	69.61	101.84	138.16	186.83	266.90	372.90	508.40	477.36
欧洲	492.28	592.22	882.73	1224.02	1656.37	2153.72	2878.82	3428.91	2647.34
欧盟	408.96	482.12	721.55	1071.62	1437.12	1860.01	2451.92	2928.78	2362.84
英国	67.81	80.59	108.24	149.68	189.77	241.63	316.58	360.69	312.77
德国	97.51	113.72	175.36	237.56	325.28	403.16	487.18	591.74	499.20
法国	36.86	40.72	72.94	99.22	116.40	139.10	203.26	233.04	214.60
意大利	39.92	48.27	66.53	92.25	116.91	159.73	211.72	266.09	202.44
荷兰	72.78	91.08	135.05	185.19	258.77	308.61	414.13	459.10	366.82
俄罗斯	27.11	35.21	60.35	91.03	132.12	158.32	284.89	330.05	175.14
拉丁美洲	82.36	94.88	118.79	182.42	236.83	360.29	515.43	714.77	570.96
北美洲	576.37	742.69	981.39	1332.37	1746.77	2191.37	2521.84	2741.79	2385.68
加拿大	33.46	43.03	56.33	81.62	116.54	155.17	193.97	217.89	176.75
美国	542.80	699.46	924.74	1249.48	1629.00	2034.72	2327.04	2522.97	2208.16
大洋洲	40.73	52.89	72.89	101.71	128.87	160.10	211.05	258.63	249.32

资料来源：历年《中国统计年鉴》（中国统计出版社）及商务部网站上数据整理得到。

（三）中国主要进口市场的变化

从进口市场来看，近些年日本、欧盟、中国台湾、东盟和韩国一直是中国的主要进口国家和地区。其中，东盟和韩国对中国的出口额增长快速。中国进口市场前4位国家所占的比重从2001年的63.1%下降到了2009年的46.5%。这说明我国进口市场的集中度也在下降，进口市场结构逐步取得了优化（表2-8）。

表2-8　中国主要进口市场（2001—2009年）

年份	2001	2002	2003	2004	2005	2006	2007	2008	2009
总值	2435.53	2951.70	4127.60	5612.9	6599.53	7914.61	9561.16	11325.67	10059.23
亚洲	1471.37	1902.83	2729.34	3695.27	4415.40	5255.04	6199.03	7026.57	6034.52
日本	427.87	534.66	741.51	943.72	1004.52	1157.17	1339.51	1506.51	1309.38
韩国	233.77	285.68	431.35	622.50	768.22	897.79	1037.57	1121.62	1025.52
中国香港	94.22	107.26	111.19	118.00	122.27	107.87	128.16	129.23	87.12
中国台湾	273.39	380.61	493.62	647.79	746.84	871.09	1010.22	1033.40	857.23
东盟	232.15	311.97	473.27	629.78	749.99	895.26	1083.69	1169.74	1067.14
新加坡	51.28	70.47	104.84	139.97	165.16	176.69	175.19	201.35	177.97
非洲	47.93	54.27	83.61	156.46	210.63	287.74	362.83	560.02	433.30
欧洲	483.90	534.12	697.44	890.41	964.47	1148.58	1396.84	1680.96	1621.67
欧盟	357.12	385.43	530.62	701.24	735.95	903.19	1109.60	1327.00	1277.58
英国	35.27	33.36	35.70	47.61	55.26	65.06	77.77	95.55	78.77
德国	137.72	164.16	243.41	303.68	307.24	378.79	453.93	558.35	557.64
法国	41.05	42.53	60.98	76.63	90.09	112.79	133.42	156.40	130.20
意大利	37.89	43.19	50.80	64.51	69.26	86.03	102.10	116.47	110.20
荷兰	14.57	15.72	19.34	29.69	29.26	36.51	49.28	53.01	51.22
俄罗斯	79.59	84.07	97.26	121.29	158.91	175.54	196.77	238.25	212.83
拉丁美洲	67.02	83.36	149.27	217.85	267.75	341.89	510.68	719.09	644.44

续表

年份	2001	2002	2003	2004	2005	2006	2007	2008	2009
北美洲	302.39	308.77	382.58	520.53	562.67	669.24	803.97	942.09	895.14
加拿大	40.28	36.27	43.75	73.54	75.11	76.67	109.80	127.32	120.26
美国	262.00	272.38	338.61	446.79	487.26	592.09	693.79	814.40	774.43
大洋洲	62.92	68.34	86.00	133.34	180.07	213.21	284.25	401.61	426.12
澳大利亚	54.26	58.51	73.01	115.53	161.86	193.20	258.52	374.19	394.39

资料来源：商务部网站上数据整理得到。

（四）中国近年出口经营主体的变化

近些年来，由于中国吸引外资的速度急剧增加，我国对外贸易中外资企业所占比重一直很高，1995 年为 31.52%，到 2009 年达到了 55.9%。国有企业所占比例持续下滑，由 1995 年的 66.71% 下降到了 2009 年的 15.9%。另一个显著变化是，民营企业快速发展，在我国出口中的比重快速上升，由 1995 年的 0.24% 快速上升到 2009 年的 24.8%。民营企业已经成为我国对外贸易的主要力量（表 2-9）。

表 2-9　2001—2009 年中国出口贸易经营主体变化　单位:%

年份	国有企业占比	外商投资企业占比	集体企业占比	其他占比
1995	66.71	31.25	1.53	0.24
1996	56.97	40.72	2.03	0.27
1997	56.21	41.00	2.48	0.31
1998	52.72	44.01	2.94	0.33
1999	50.53	45.47	3.49	0.51
2000	46.73	47.93	4.24	1.10
2001	42.54	50.06	5.34	2.05
2002	37.73	52.21	5.79	4.26

续表

年份	国有企业占比	外商投资企业占比	集体企业占比	其他占比
2003	31.49	54.83	5.73	7.95
2004	25.89	57.07	5.36	11.69
2005	22.15	58.30	4.79	14.76
2006	19.74	58.18	4.24	17.84
2007	18.50	57.10	3.80	20.60
2008	17.98	55.26	3.82	22.79
2009	15.89	55.94	3.37	24.79

资料来源：商务部网站上数据整理得到。

第三节

中美贸易逆差对美国经济有利无害

贸易是互惠互利的，中美贸易在促进中国经济增长，优化中国产业结构、出口结构的同时，必然也给美国带来了很大的利益。但美国一再以中美贸易失衡危害了美国经济的发展为由，对中国实施贸易保护政策。本节将对中美贸易对美国的影响进行研究，揭露美国声称的中美贸易失衡对美国有害的谎言。

一、美国的外贸逆差

自从形成世界经济体系以来，除了美国之外，没有任何一个国家能使本国贸易收支长期逆差，而又能维持其超级大国的位置不动摇。就是当年的英国也做不到这一点。

表 2－10 指出，从 2001 年到 2008 年期间，美国贸易逆差由－4298.98 亿美元增加到了－8402.52 亿美元，增加了几乎 2 倍。其中同欧元区的逆差分别是－554.83 亿美元和－791.90 亿美元，增长了 1.4 倍；同加拿大的逆差分别是－560.99 亿美元和－810.49 亿美元，增长了 1.4 倍；同中国的逆差分别是－832.96 亿美元和－2684.11亿美元，增长了 3.254 倍；同日本的逆差分别是－708.06 亿美元和－751.30 亿美元，增长了 1.06 倍；美国同韩国、印度的贸易收支都是逆差，美国就是和巴西多数年份也是逆差。

二、经济理论说明美国贸易逆差对美国有利

美国人尊亚当·斯密为经济学之父。用斯密的贸易理论说明美国的保护主义政策的荒谬是最有力的。斯密认为，只有满足人们某种需要的必需品、便利品和娱乐品才是财富，货币、包括金银货币也不是财富，仅仅是流通手段。正是因为这一点，斯密说："所谓利益或利得，我的解释，不是金银量的增加，而是一国土地和劳动年产物交换价值的增加，或一国年收入的增加。"① 因为斯密认为，金银货币不是财富，不构成收入，所以它的流出流入对一国来说，没有什么关心和注意的必要。而且斯密还认为，金银货币流出不仅没有害处，反而有好处。金银货币之所以会流出，就是因为在本国对其有效需求不足，自身价值低，购买的货物少；而流到国外去，外国对其有效需求提高，金银货币的自身价格提高，购买到比在本国还要多的

① 亚当·斯密：《国民财富的性质和原因的研究》（下卷），商务印书馆 1996 年版，第 61 页。

表 2-10 美国对外贸易逆差 单位：百万美元，%

年份			2001	2002	2003	2004	2005	2006	2007	2008	2009（估计数）
贸易差额	绝对量	总额	-429898	-482831	-549012	-671835	-790851	-847260	-830992	-840252	-495548
		欧元区	-55483	-68520	-77648	-85795	-94313	-94585	-92313	-79190	-50504
		法国	-10729	-9393	-12354	-10838	-11727	-13698	-15108	-15433	-7564
		德国	-29778	-36415	-39778	-46334	-51204	-48472	-45200	-43387	-26199
		英国	-1484	-7969	-9377	-10751	-12958	-8661	-6971	-5015	-615
		加拿大	-56099	-51516	-55428	-70403	-82868	-76126	-70837	-81049	-19496
		巴西	1321	-3472	-6778	-7408	-9229	-7541	-1588	1726	5317
		中国	-83296	-103274	-124379	-162649	-202813	-234612	-258902	-268411	-223199
		印度	-6001	-7724	-8088	-9477	-10905	-12223	-9217	-8116	-4500
		日本	-70806	-71320	-67419	-77823	-85257	-91407	-85616	-75130	-41205
		韩国	-14004	-13724	-13697	-20596	-16679	-14140	-13890	-14149	-12557

续表

年份			2001	2002	2003	2004	2005	2006	2007	2008	2009（估计数）
贸易差额	占比	欧元区	12.9	14.2	14.1	12.8	11.9	11.2	11.1	9.4	10.2
		法国	2.5	1.9	2.3	1.6	1.5	1.6	1.8	1.8	1.5
		德国	6.9	7.5	7.2	6.9	6.5	5.7	5.4	5.2	5.3
		英国	0.3	1.7	1.7	1.6	1.6	1.0	0.8	0.6	0.1
		加拿大	13.0	10.7	10.1	10.5	10.5	9.0	8.5	9.6	3.9
		巴西	—	0.7	1.2	1.1	1.2	0.9	0.2	—	—
		中国	19.4	21.4	22.7	24.2	25.6	27.7	31.2	31.9	45.0
		印度	1.4	1.6	1.5	1.4	1.4	1.4	1.1	1.0	0.9
		日本	16.5	14.8	12.3	11.6	10.8	10.8	10.3	8.9	8.3
		韩国	3.3	2.8	2.5	3.1	2.1	1.7	1.7	1.7	2.5

资料来源：根据 2010 年《美国总统经济报告》中的数据整理得到。

货物，运回国内，供人们消费，这怎么能说不利国家和公众呢？这不恰恰是有利于国家和公众吗？像西班牙和葡萄牙这两个国家，政府观念守旧，政策错误，死守金银货币不放，堆积在国内成了供品，造成本国物价下跌，经济前景暗淡，投资减少，生产萎缩，人们失业。守着金山而过着贫苦生活，这才是不利于人民和国家呢，这才是值得担忧的事情呢。

今天，美国贸易逆差流出的并不是金银而是美元纸币，甚至连美元纸币都没有流出，仅仅是银行账面上的数字货币。美国流出了纸币或数字货币，得到是中国生产的生活必需品、便利品和奢侈品。这对美国有什么损害呢？对于这一点，美国的政要、议员和美国的老百姓是清清楚楚的，只不过是在装糊涂罢了。

斯密不止一次向英国的政要和公众指出，即使英国对法国的贸易逆差，也要和法国做生意，这对英国也有利。既然法国的葡萄酒比德意志的和葡萄牙的好，我们没有任何理由避好而就差，不买法国而买德意志和葡萄牙的。英国人真要这样做，这才是做了不利的事。有人说英国对法国贸易已经出现了逆差，再购买法国葡萄酒，逆差不是更大了吗？斯密则说，金银不就是购买的手段，不购买留着它有什么用呢？再说英国并不是把金银白送给法国人，而是换来了它们的葡萄酒，供英国人享用，而且还可以再出口换回更多的金银货币。英国人用对别国的顺差抵消对法国的逆差，这样的买卖要是不做，天下就没有傻瓜了。今天的美国政要和议员们正在做当年英国人所做的蠢事。由于不愿意中国经济发展，就限制从中国的进口。这种做法和当年的英国何其相似啊？

斯密认为，英国银行扩张信用，造成纸币过多，纸币把金银货币从本国驱逐到外国，造成收支逆差，这也不是什么坏事。本国纸币发行过多，增加了对本国的需求，特别是增加了对外国的需求，比如说增加对法国的需求，这有什么不好呢？货币买到生活必需品、便利品和娱乐品供本国人消费，购买了资本品用于扩大再生产，让英国生产出更多的必需品、便利品、娱乐品，不但能满足本国需要，而且还能出口，哪里还有比这更好的事情了？现在的美国正在施行扩张的货币政策，大量增加美元的供给，美元流到中国和其他国家购买美国所需要的物品，提高美国的福利。美国的政要对这一点是心知肚明的，美国对中国贸易逆差对美国的好处是巨大的。

三、实证美国贸易逆差对美国无害

为了进一步说明美国贸易逆差对美国经济的有利无害性，本书在美国 ST 银行网站上获取了美国 GDP、失业率、总消费水平和贸易逆差 1980 年第 1 季度到 2009 年第 4 季度的季度数据。运用 eviews5.0 软件，对所选取的数据进行实证分析，用数字来说话，实证美国以中美贸易逆差危害美国经济发展为由，对中国实施贸易保护措施的不合理性。

VAR 模型常用于解释各种经济冲击对经济变量的影响，并且克服了传统结构性方法直接根据经济理论进行回归而忽略变量间的动态联系的缺点。而本书要探究美国对外贸易逆差总额（NC）对美国的 GDP、失业率（UE）和总消费水平（TTC）的影响。因此，正适合建立 VAR 模型进行研究。

（一）单位根检验

由于 VAR 模型要求变量本身是平稳的，或者时间序列之间存在协整关系，从而避免伪回归的发生。所以本书首先检验相关数据的平稳性。这里采用 ADF 单位根检，得到了如表 2-11 所示的结果。

表 2-11 单位根检验结果

T 值	变量	ADF 值	一阶 ADF 值
1%：-3.48	GDP	0.50	-5.01
5%：-2.88	UE	-0.95	-7.39
10%：-2.57	NC	-1.09	-4.73
	TTC	-0.93	-9.15

从表 2-11 中可以发现，4 个变量都存在着非平稳现象，但经过一阶差分之后，4 个变量均为平稳的。因此，美国的 GDP、失业率（UE）、总消费水平（TTC）和贸易逆差（NC）都是一阶单整的，可以对其做 VAR 模型。

（二）建立 VAR 模型

对 4 个一阶单整的变量做 VAR 模型如下：

$NC = 0.800804016045 \times NC(-1) + 0.111397005571 \times NC(-2) + 0.0706616910644 \times GDP(-1) - 0.0693688071294 \times GDP(-2) + 0.00151332624525 \times TTC(-1) - 0.0282819280766 \times TTC(-2) - 0.30563429543 \times UE(-1) - 0.883014365696 \times UE(-2) - 4.49557039274$

$GDP = -1.27955381552 \times NC(-1) + 0.828044750088 \times NC(-2) + 1.7347985546 \times GDP(-1) - 0.727720263434 \times GDP(-2) - 1.19801305869 \times TTC(-1) + 1.7784946463 \times TTC(-2) + 23.208139922 \times UE(-1) - 25.6991151427 \times UE(-2) + 5.03049126325$

$TTC = 0.0055480088188 \times NC(-1) -$

$0.0116414212683 \times NC(-2) - 0.000376590404118 \times GDP(-1) + 0.00111428104125 \times GDP(-2) + 0.27376159377 4 \times TTC(-1) + 0.131616992245 \times TTC(-2) + 1.42547383913 \times UE(-1) - 1.22961958366 \times UE(-2) + 0.957845240181$

$UE = 0.00295180180809 \times NC(-1) - 0.00280436648417 \times NC(-2) - 0.000127857499645 \times GDP(-1) + 0.000133190618739 \times GDP(-2) + 0.00625605132288 \times TTC(-1) + 0.000741454407569 \times TTC(-2) + 1.32175546723 \times UE(-1) - 0.358731164014 \times UE(-2) + 0.0884464299486$

$R^2 = 0.988$

（三）确定滞后阶数

要建立 VAR 模型与协整检验，就要确定模型合理的滞后阶数，以保证统计上的可信度。在无约束 VAR 模型条件下，本书依据 LR、FPE、AIC、SC、HQ 等 5 种检验准则，通过测试不同 VAR 模型对应的值，得出了最优自回归阶数（表 2－12）。

表 2－12　　滞后阶数检验结果

Lag	LogL	LR	FPE	AIC	SC	HQ
0	－2017.350	NA	5.57e＋10	36.09554	36.19263	36.13493
1	－1249.871	1466.434	82866.79	22.67626	23.16171	22.87322
2	－1203.633	85.04395	48348.29	22.13631	23.01011*	22.49083*
3	－1183.647	35.33294	45153.23*	22.06512	23.32728	22.57722
4	－1172.062	19.65243	49114.81	22.14397	23.79448	22.81364
5	－1155.100	27.56403	48690.09	22.12678	24.16565	22.95402

续表

Lag	LogL	LR	FPE	AIC	SC	HQ
6	-1134.620	31.81728*	45517.30	22.04678*	24.47401	23.03158
7	-1124.563	14.90516	51516.29	22.15291	24.96850	23.29529
8	-1106.582	25.36666	50920.60	22.11753	25.32148	23.41747

注：*代表检验结果显著。

由表2-12可以看出，滞后2阶和滞后6阶处，均有两个准则有显著性表现。考虑到自由度的需要，本书选用滞后6阶的VAR模型。

（四）脉冲响应分析

脉冲响应函数是通过误差变化大小对变量值的大小的影响来研究模型中各个变量对冲击的响应。本书要研究给贸易逆差（NC）一个正向的冲击，看其余3个变量对该冲击的反应程度，以便从中看出美国贸易逆差对美国GDP、失业率和总消费的影响。图2-1、图2-2、图2-3中横轴表示冲击作用的滞后期数，纵轴表示冲击的反应程度。

从图2-1中可以看出，在期初给NC一个正向的冲击，随着期数的增加最终会导致GDP的较大幅提升，10期之后，GDP并没有出现大幅回落的迹象，这表示美国对外贸易逆差的扩大使美国的GDP显著增加；从图2-2中可以看出，在期初给NC一个正向的冲击，最终会导致UE上升近4‰个单位。也就是说，贸易逆差的扩大，将导致失业率的增加。但长期而言，对失业率影响很小；从图2-3可以看出，在期初给NC一个正向的冲击，最终会导致TTC上升0.1个单位。贸易逆差反应在总需求上

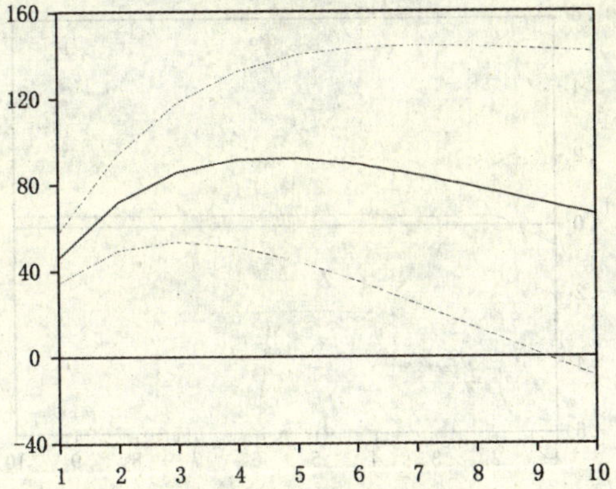

图 2-1　GDP 的响应

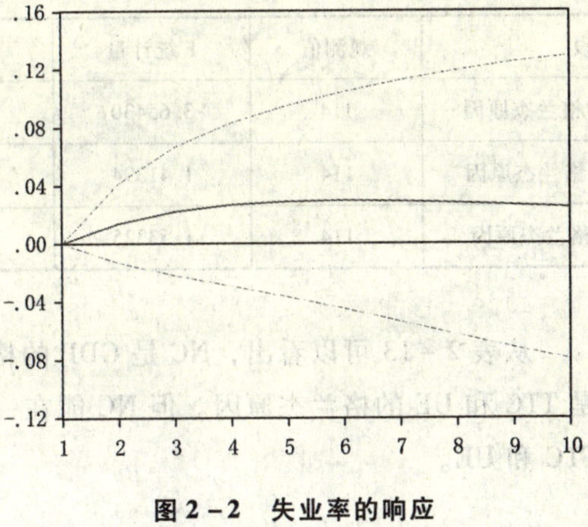

图 2-2　失业率的响应

表现为对外部需求增加，最终将拉动消费水平的上涨。

（五）格兰杰检验

为了研究贸易逆差（NC）是否是 GDP、总消费（TCC）和失业率（UE）变化的原因，本书在5%的显著性水平下对他们进行格兰杰因果检验（表 2-13）。

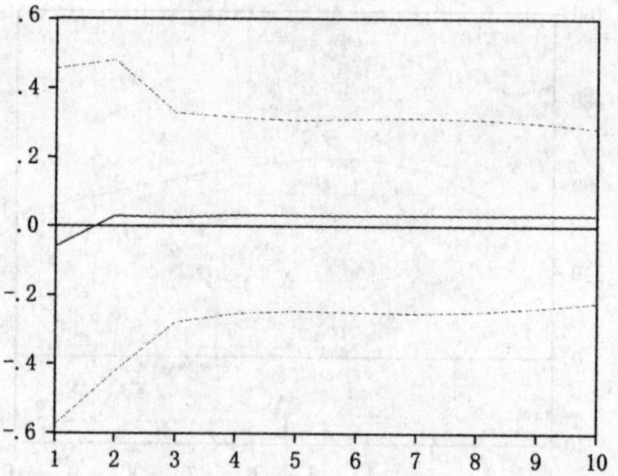

图 2-3 总消费的响应

表 2-13 格兰杰检验结果

原假设	观测值	F 统计量	概率
NC 不是 GDP 的格兰杰原因	114	3.65430	0.0025
NC 不是 TTC 的格兰杰原因	114	1.41394	0.2166
NC 不是 UE 的格兰杰原因	114	1.53325	0.1749

从表 2-13 可以看出，NC 是 GDP 的格兰杰原因，不是 TTC 和 UE 的格兰杰原因。但 NC 能在一定程度上解释 TTC 和 UE。

（六）协整检验

既然 4 个变量之间有着相互影响关系，下面就通过 Johansen 检验来验证这 4 个变量之间到底存在几个长期协整关系。在有截距项无趋势项的协整检验下，我们得到如表 2-14 所示的结果。

表 2－14　Johansen 协整检验结果

零假设	特征值	迹检验			最大特征根检验		
		统计量	5%临界值	P值	统计量	5%临界值	P值
无*	0.273583	69.31878	54.07904	0.0012	37.39679	28.58808	0.0029
至多1个	0.167287	31.92199	35.19275	0.1081	21.41872	22.29962	0.0660
至多2个	0.057736	10.50326	20.26184	0.5904	6.957942	15.89210	0.6746
至多3个	0.029847	3.545321	9.164546	0.4840	3.545321	9.164546	0.4840

从迹统计量和最大特征根检验结果可以看出，4 个变量间都至少存在 1 个长期协整关系。

（七）VEC 模型

基于向量误差修正模型的估计，4 个变量间存在的协整关系可以通过向量误差修正模型（VEC）而得到。向量误差修正模型可以反映出变量的短期波动对于长期均衡关系的偏离向长期均衡关系调整的动态过程。在 VEC 模型的滞后阶数的选择上，我们遵循 VAR 模型最优滞后阶数 6 阶，通过向量误差修正模型估计，可以得到如下的正规化协整方程（误差修正项）：

$$ecmt = gdp - 4.67nc + 930.2ttc - 972.9ue - 1421$$

从线性关系上来看，若外贸逆差增加 1 单位，GDP 将增加 4.67 个单位，这表明，贸易逆差的扩大，并没有减少美国的 GDP，反而提高了 GDP 的总量。而从 NC（贸易逆差）与 TTC（总消费水平）之间的负向关系，我们可知，贸易逆差的增加，将会增加美国的总消费水平，这就说明美国外贸逆差的扩大对提高美国总消费水平、增加美国的 GDP 都有着促进作用，并且贸易逆差 NC 对失业率 UE 的影响很小。

所以，从实证分析的结果也可以看出，美国对外贸易逆差对美国经济是有利无害的。同样，中美贸易逆差对美国经济也是有利无害的。美国以贸易失衡对中国实施贸易保护只是其企图遏制中国发展的借口而已。

第四节

美国巨额外债促进了美国经济增长

在美元本位制下，美国另一独有的优势就是美国所欠的外债和内债没有丝毫的区别。除了美国以外，包括中国在内的其他国家所欠的外债，都不是用本国货币偿还的，而是用在世界上可自由兑换的外国硬通货偿还的。这些国家要偿还外债，只能靠出卖本国商品换到美元或欧元、日元之类的硬通货。因此，这些国家是不敢肆意举借外债的。只有美国可以肆意举借外债，因为美国举借的外债是使用美元计价的。美元是美国自己的货币，美国又有无限地发行美元的权力，美国所欠的外债不需要出口商品换取外国货币，仅靠发行美元就可以偿还了。

在美元本位下，美元不仅是支付手段，也是购买力的表现形式，美国可以通过发行美元购买其他各国的资源和商品，因此，美元还是资本，美国通过发行美元债券，在国内外筹集资金，特别是，美国可以通过发行美元债券在国外筹集资金，用于扩大美国国内需求，进而扩大就业，增减产量，促进经济增长（表2－15、表2－16）。

表 2－15　　中国持有美国国债情况①　　单位：亿美元

年 月	中国持有美国国债量	美国国债总量	中国占比（%）
1994 年 12 月	172	4635	3.7
2000 年 6 月	711	8843	8.0
2002 年 6 月	965	11400	8.5
2003 年 6 月	1471	13850	10.6
2004 年 6 月	1942	17430	11.1
2005 年 6 月	2978	18824	15.8
2006 年 6 月	3722	19801	18.8
2007 年 6 月	4772	21940	21.8
2008 年 6 月	5350	25892	20.7
2009 年 6 月	9157	34660	26.4
2010 年 6 月	8467	40658	20.8

资料来源：U. S. Department of the Treasury：Treasury International Capital System，1994－2010.

表 2－16　　中国持有的美国国债在美国经济中所占的比例　　单位：10 亿美元

年份	美国经济指标				中国持有美国国债量[12]	中国持有美国国债量占美国经济指标比（%）			
	GDP	投资	消费	政府支出		GDP	投资	消费	政府支出
2000	9951.5	1717.7	6830.4	1731.0	71.1	0.71	4.14	1.04	4.10
2001	10286.2	1700.2	7148.8	1846.4	—	—	—	—	—
2002	10642.3	1634.9	7439.2	1983.3	96.5	0.91	5.90	1.30	4.86
2003	11142.1	1713.3	7804.0	2112.6	147.1	1.32	8.59	1.89	6.96
2004	11867.8	1903.6	8285.1	2232.8	194.2	1.64	10.20	2.34	8.70
2005	12638.4	2122.3	8819.0	2369.9	297.8	2.36	14.03	3.38	12.57
2006	13398.9	2267.2	9322.7	2518.4	372.2	2.78	16.42	3.99	14.78

① 数据包括长期和短期美国国债。

续表

年份	美国经济指标				中国持有美国国债量[12]	中国持有美国国债量占美国经济指标比（%）			
	GDP	投资	消费	政府支出		GDP	投资	消费	政府支出
2007	14077.6	2269.1	9826.4	2676.5	477.2	3.39	21.03	4.86	17.83
2008	14441.4	2170.8	10129.9	2883.2	535.0	3.70	24.65	5.28	18.56
2009	14258.7	1747.9	10092.6	2933.3	915.7	6.42	52.39	9.07	31.22
2010年6月	—	—	—	—	846.7	—	—	—	—

注：1. 数据包括长期和短期美国国债；2. 年度数据时间为6月末。

资料来源：1. 2010年《美国总统经济报告》。

2. 1994—2010年美国财政部国际资本系统。

表2－15和表2－16中的数据说明，2000年美国的GDP为99515亿美元，消费为68304亿美元，投资为17177亿美元，政府支出为17310亿美元。中国持有美国的国债额为711亿美元，占美国GDP的0.71%，投资的4.14%，消费的1.04%，政府支出的4.10%。2009年美国的GDP为142587亿美元，消费为100926亿美元，投资为17479亿美元，政府支出为29333亿美元。中国持有美国的国债额为9157亿美元。这9157亿美元相当于美国GDP的6.42%，投资的52.39%，消费的9.07%，政府支出的31.22%。2009年中国持有美国国债量是2000年的12.88倍。2000年美国国债总量是8843亿美元，中国持有美国国债量为711亿美元，中国占比为8.0%。2009年美国国债总量是34660亿美元，中国持有美国国债量为9157亿美元，中国占比为26.4%。

这些数字意味着什么呢？马克思早就给予了回答。他说："国债，即国家的异化，不论是在专制国家，立宪国家，还是共和国家，总是给资本主义时代打下自己的烙印。在所谓国民财富中，真正为现代人民所共有的唯一部分，就是他们的国债。因此，一个国家的人民负债越多就越富这一现代理论是完全合乎逻辑的。公共信用成了资本的信条。随着国债的产生，不可饶恕的罪恶，已不再是亵渎圣灵，而是破坏国债的信用了。公债成了原始积累的最强有力的手段之一。它像挥动魔杖一样，使不生产的货币具有了生殖力，这样就使它转化为资本，而又用不着承担投资于工业，甚至投资于高利贷时所不可避免的劳苦和风险。……国债还使股份公司、各种有价证券的交易、证券投机，总之，使交易所投机和现代的银行统治兴盛起来。"①

从美国现在的发展情况看，马克思在 1867 年（143 年前）说的话在今天仍然是有效的。精通经济学的美国政府官员和国会议员都懂得，生产规模扩大，经济增长和债务增长是同步进行的，无论国家或是企业，举债越大，生产的全部发条也就越是开动得有力。要想增加未来财富，现在就得预付货币财富，就得举债。美国著名经济学家萨缪尔森在其大作《经济学》中说："在本世纪中，美国电话和电报公司一直在成长。在这一世纪中，它也一直在发行债券，没有止境。如果我们的经济保持良好的状态，那么，该公司在本世纪的剩余年份中必然会有日益增长的债券债务。这是谨慎的理财方法，而不是不健全的理财方法。购买该公司的债券是稳妥可靠的。之所以稳妥可靠，并不是由于该公司利用出售债券的款项来购买厂房和设备，也不是由于厂房和设备能够很快地变卖成偿债的现款。没有人收购该公司的那种专业化的资产，因为它们仅仅适用于电话企业，而该公司在地区上享有完全的垄断地位。为什么该公司的永远增长的债券是稳妥可靠的呢？因

① 马克思：《资本论》（第 1 卷），人民出版社 2002 年版，第 823 页。

为该公司从它的电话业务中所能赚到的钱肯定会随着人口和GNP的增长而增长。债券的利息以及偶然有的偿还本金的款项可以取自顾客所缴纳的电话费。如果顾客们由于，譬如说，原子战争而变为贫困，那么，该公司会破产，从而不能偿付它的债券。但是，在一个增长的经济中，没有一家正常经营的企业会把全部人民变为贫困这件事当作为一个应该考虑的情况。只要货币GNP在极乐世界到来以前能以百分之五或六的速度增长，联邦政府的公债也能以这个速度增长，最后将超过一万亿、二万亿或任何数字。像生命一样，公债增长的过程是没有止境的"。①

这就足以证明，中国大量购买美国发行的债券，就像美国居民购买的美国债券一样促进了美国经济增长，财富增长。

马克思说："公债成了原始积累的最强有力的手段之一。它像挥动魔杖一样，使不生产的货币具有了生殖力，这样就使它转化为资本"。②"君在美国长，应知美国事"，美国的政府官员、国会议员肯定知道，美国的潜在的生产能力是巨大的，甚至是无限的，但美国生产量是有限的，美国的潜在的生产能力得不到发挥，美国的失业率不断攀高，是因为美国的有效需求不足造成的。增加有效需求的最直接的办法就是增加政府的购买。政府增加购买的资金来源之一就是举债。2000年中国持有美国国债为711亿美元，到2009年已达到9157亿美元，在这10年中，增长了12.87倍。中国所持有的这9157亿美元国债，相当于美国GDP的6.42%，投资的52.39%，消费的9.07%，政府支出的31.22%。可以这样说，中国持有的美国的国

① 萨缪尔森：《经济学》，人民邮电出版社2008年版，第58页。
② 马克思：《资本论》（第1卷），人民出版社2002年版，第823页。

债真像挥动魔杖一样，使美国政府的购买以乘数推动总收入和总消费的增长，而收入和消费的增产又以加速的方式推动投资的增长。美国经济在这乘数和加速增长过程中，中国购买美国的巨额国债起了相当大的推动作用，美国政府官员和国会议员不应该熟视无睹，闭目塞听。

马克思说："国债还使股份公司、各种有价证券的交易、证券投机，总之，使交易所投机和现代的银行统治兴盛起来"。[①] 由于美国的种种限制措施，我国无法利用外汇储备购买美国或其他西方国家的高科技产品和军工产品，也无法到其他国家大量投资，只有购买美国政府或企业发行的债券。到2008年，我国持有美国长期国债5000多亿美元，短期国债3000多亿美元，次级债券2000亿美元，美国企业和"两房"债券3700亿美元，总共持有美国债权13700多亿美元。正是由于中国购买美国的国库券、公司债券及衍生金融工具，在一定程度上使"房利美"、"房地美"这两个准政府机构和高盛、摩根士丹利、美林公司、曼兄弟公司、贝尔斯登这五大投资银行，再加上美国国际集团，这个全球最大的保险公司的金融业务兴盛起来。

国际贸易本来是互惠互利的。毋庸讳言，由国际贸易中产生的惠和利，并不是在贸易双方平均分配的。有的一方得到的惠和利要大，另一方得的就要小，这也是客观的。就中美贸易而言，美国从中得到的利和惠明显大于中国得到的利与惠。对这种状况中国是认可的。因为在国际贸易中，双方的经济实力是不相等的，美国的实力远远大于中国。或者说，美国对中国的依赖没有中国对美国的依赖强。在讨价还价中，美国占主动地位、支配地位，中国

① 马克思：《资本论》（第1卷），人民出版社2002年版，第823页。

则处于被动和服从地位。所以中国对美中贸易中美国得利益的大部分，中国自己得小部分，从来是认可的。

但是，美国似乎要独吞中美贸易的全部好处，一点好处也不想分给中国。自从进入21世纪以来，特别是从2005年以来，美国公开实行新贸易保护主义政策，一而再、再而三地对中国施压，设置重重贸易壁垒，频繁制造贸易摩擦，并一再让人民币兑美元汇率按照他的意愿升值。精通经济学的美国政府官员和美国国会的议员们难道还不懂得：要想自己获利，首先就得让别人获利的道理吗？美国想要独吞中美贸易的好处，不让中国获得一点好处，那么，他自己也将一无所获。近几年来美国已经品尝到了他们实行新保护主义的恶果。笔者将在下文对此进行论述。

第三章

左右美国对华新贸易保护主义的因素

对外贸易政策是指一个国家对外贸易活动中的行为规则、政府的经济法规、贸易的组织制度和监督制度的总和，其主要包括对外贸易总政策、对不同国家或不同类别国家的对外贸易国别政策、对不同商品或不同类别商品的进出口商品政策等。对外贸易政策是对外贸易行为中经济、政治因素交互作用的结果。

中美贸易始于1784年，但在1949年至1972年由于中美政治上的敌对，导致中美贸易曾经一度中断。1972年以后，随着中美关系的正常化，中美双边贸易获得恢复并取得了快速发展，中美双边贸易额不断扩大，两国已经互为最重要的贸易伙伴。多年来，中美贸易对两国经济的发展、社会的进步、人民生活水平的提高都起了很大的促进作用。伴随着世界政治经济格局的转变，美国从自身利益出发，为维护其霸主地位，对外采取的贸易政策一直具有两面性的特点，即在竞争力强的行业，美国高举自由贸易的旗帜，采取自由贸易的政策；而在竞争力弱势的行业，美国从未停止过贸易保护的行为。无论是自由贸易还是贸易保护，美国对外贸易政策始终是以美国的自我经济政治利益为中心，服务于美国的国家利益。同样，美国对中国的贸易政策也是如此，中美两国在经济和政治上一直既存在着竞争也存在着合作。多年来美国对中国的贸易保护政策也是跌宕起伏，围绕着美国的利益，受中美政治关系和国际形势的影响，不断地发展变化着。

第一节 美国对华贸易政策发展历程

虽然自18世纪起中美就开始了贸易，但只在近30多年中美贸易才取得了快速发展。中美贸易受美国对中国的贸易政策影响显著，新中国成立后，美国从自己的政治、经济利益出发，对中国的贸易政策一直不断发展变换。本书首先对新中国成立以后美国对中国的贸易政策进行简单回顾。

一、中断时期（1949—1972年）

1949年新中国成立初期，由于中美在政治上处于敌对状态，美国拒不承认新中国的国家主权，还继续支持中国台湾的国民党政府，并破坏和阻挠中国收复台湾。为遏制新中国的发展，美国对中国实施经济封锁和贸易禁运政策，并推行美、日、东南亚相结合的三角经济构架政策，将中国排斥出亚太经济圈。美国对中国的这种“遏制”贸易政策使中国与资本主义国家的贸易完全断绝，这是造成中国在20世纪50年代处于半封闭、60年代以后处于封闭状态的主要外部因素，严重阻碍了当时中国经济的健康发展。

二、恢复时期（1972—1980年）

20世纪70年代冷战时期，美国出于拉拢中国以制约苏联发展的需要，主动和中国恢复了外交关系，中美政治关系得到了缓和。1970年中美恢复大使级会谈，1972年尼克松总统访华并联合发表《上海公报》，这标志着中美关系实现了正常化。1978年中美发表建交联合公报（中美第二个联合公报），宣布两国自1979年1月1日起互相承认并建立外交关系。政治关系的缓解使得中美经贸关系也逐渐得到了恢复，美国对华贸易政策也从封锁和遏制走向了合作与开放。中美两国在《中美上海联合公报》中对中美双边贸易问题达成了共识：双方把双边贸易看做是另一个可以带来互利的领域，并一致认为平等互利的经济关系是符合两国人民利益的。双方同意为逐步发展两国的贸易提供便利。1979年7月，中美政府签订了《中美贸易关系协定》，相互给予了最惠国待遇。1980年，美国国会修改了《1961年外援法》，允许美国海外私人公司到中国开展业务。在这段时期，中美经贸关系取得了恢复并较快地发展了起来。

三、动荡时期（1980—2000 年）

在20世纪80年代后半期，随着苏联政治局势的动荡、美国全球政治经济地位的巩固。美国对外的发展战略发生了变化，对中国的战略目标也从联合遏制苏联转变成了和平演变中国，相应的美国对中国的贸易政策也围绕这一目标发生了变化。美国希望通过经济交往和技术转让，能促使中国向资本主义世界靠拢。这段时期，美国对华贸易政策相对宽松。美国先后放松了对华的贸易管制级别，并在多个领域，如工业技术、税收、渔业、核能、电信技术等领域签署了合作协议。但在80年代末期，随着中国的“六四”风波、苏联的解体和东欧剧变，国际政治经济格局发生了很大的变化，中美两国建立在遏制苏联基础上的共同利益不复存在，中国对美国的战略价值大为下降。此后，两国的政治、经济关系走向了低谷。由于中美两国在政治体制、意识形态上存在差异，在美国冷战思维的模式下，美国又将中国假设为未来的主要敌人。因此，美国采取了在政治上孤立中国、在经济上全面制裁中国的对华政策，中美经贸关系的发展又受到了阻碍。

但到了布什政府时期，美国政府逐渐认识到了孤立、制裁中国的危害性，并且1990年的海湾战争使得美国的战略中心转移到了中东地区，而要获得联合国授权需要取得中国的合作和支持。为了缓和中美的政治关系，美国取消了对华的经济制裁，中美经贸关系得以恢复了正常发展。到克林顿政府时期，美国政府明确反对将中国视为冷战后美国敌人的看法和观点，中美政治经济关系取得了快速发展。1994年，克林顿政府宣布将最惠国待遇同人权问题脱钩，扫清了美国对华贸易发展的障碍。但1995年美国允许李登辉“访美”和1996年美国派遣航母舰队进入台湾海峡附近水域，使两国关系又陷入危机。这期间，中美知识产权谈判两度陷入僵局，美国两次对华威胁实施惩罚性关税或制裁清单，并两次单方面扣减中国的纺织品配额，引发了中美的贸易战。1997年，克林顿政府意识到了一个安全、稳定和开放的中国符合美国的战略利益。因此，1998年克林顿访华，确定了两国“建设性战略伙伴关系”，中美政治、经济关系走出了低谷，美国对华贸易政策转变为了以“合作”和“发展”为主要目标。此后，两国在纺织品、农业、民航运输等领域都展开了合作，并开始了就中国加入世界贸易组织问题的谈判。1999年11月15日，中美两国正式签署了关于中国加入世界贸易组织的双边协议，为中国正式“入世”奠定了基础。2000年美国国会两院通过了给予中国PNTR待遇，标志着美国对华贸易政策开始逐渐摆脱政治关系的制约。这段时期，中美经贸关系动荡起伏，但中美经贸关系也取得了快速的发展。

四、发展时期（2001年至今）

“9·11”事件之后，美国政府将反恐作为国家安全战略的主要目标和对外政策的重点，中美两国又一次有了共同的战略利益，并且随着中国政治经济实力的增强，中国在世界上的影响力越来越大。美国政府将对中国的政策重点转变为争取与中国建立稳定与合作的政治经济关系，美国开始正视“中国崛起”的现实，同时要求中国需要承担相应的国际责任和义务。然而，美国对华的遏制战略并没有发生根本性的转变，美国对中国的政治经济政策依然是具有合作加防范、接触加遏制的两面性。“9.11”之后，中美两国之间政治关系相对稳定。但随着中国经济的快速发展，加之中国采取出口导向型的经济发展战略，中美贸易额的不断扩大，特别是美国对中国贸易逆差的不断扩大，导致了中美贸易的失衡，使得美国国内新贸易保护主义泛滥，中美贸易摩擦不断发生。但同时，随着中国经济的快速崛起，使得中国在世界政治经济舞台上的地位越来越重要，为了争取中国在国际政治事务中的支持，美国也越来越重视与中国的合作与沟通。2006 年，中美召开了首次战略经济对话，美国敦促中国在人民币汇率问题、知识产权保护和市场准入方面作出改进。同年，美国贸易代表办公室发布了《2006 年中国履行世贸组织承诺情况报告》，给予了中国正面的评价，但也再次强调了中方应在知识产权保护和取消阻碍美国企业市场准入的政府政策方面加大努力。2008 年全球经济危机之后，美国经济遭受沉重打击，出于对本国经济的保护和遏制中国经济发展的目的，美国一再要求中国人民币升值、进一步开放市场，并且对中国的商品多次实施反倾销、反补贴、“337 调查”、设置各种非关税壁垒等贸易保护措施，并且有愈演愈烈之势，这对中国经济造成了一定的伤害。但中国经济的快速发展符合中美之间共同的经济利益，并且两国在反恐、核安全等问题上的共同利益使得两国近年来政治关系相对稳定。经济利益在两国间的战略地位日益突出，虽然美国对中国崛起的忧虑和防范一直存在，但是两国整体在经济上的全面合作基调并没有改变，中美双边贸易取得了快速发展。

总之，多年来美国对华贸易政策一直具有双重性质，其发展既受美国整体对外战略演变和世界政治经济格局转变的影响，同时又受到中美政治、经济关系的制约。美国出于其自身利益的考虑，其对华贸易政策在经济上主要着眼于中美贸易利益和保护国内产业发展和就业；在政治问题上主要考虑遏制中国的崛起和寻求中国在国际事务上的合作。随着中国经济的崛起和世界经济格局的转变，世界各国在政治经济上的联系将更加紧密，中美经贸关系也会在竞争与合作中不断向前发展。

第二节 相关利益集团的作用

由于美国的选举政治体制，为了拉得选票和获得资金支持，美国政府和国会在制定政策时必然会受到相关利益集团的影响和制约。在美国，任何一项政策的出台，都是多个利益集团之间相互竞争和妥协的结果，美国对华贸易政策的制定也不例外。

一、美国对外贸易政策制定机制

美国对外贸易政策主要是由总统和国会共同制定的。总统在制定对外贸易政策时的权利主要包括以下几个方面：（1）总统最终决定对外贸易政策；（2）总统拥有对外缔结条约的权力；（3）总统可以在国会授予权力的范围内提高或者降低关税；（4）总统有权对外国实施经济制裁和签署国会通过的对外实施的经济制裁法令。美国国会在对外贸易政策制定中的权力主要包括：（1）国会具有对外贸易政策的立法权；（2）拥有对总统制定的对外贸易政策的审议权；（3）国会授予总统促进贸易权

(TPA)；（4）国会有权批准总统缔结的有关经济贸易关系的协定；（5）国会掌握拨款权；（6）经贸机构和政府机构的主要官员的任职需要国会参议院的批准。

在总统和国会的相互制约下，美国对外贸易政策制定的机制为：国会制定贸易法和其他立法中的关于经贸关系的内容，主管贸易的行政机构颁布行政法规，总统与外国签订的贸易条约大多数是不需要国会批准的行政协定。当某项对外经贸政策处于总统和国会权力交叉处或者模糊不清时，要经过国会和政府各相关部门长时间的反复协商。

但不论是总统还是国会，他们都是代表美国相关利益集团的利益，其政策的制定都要受到美国利益集团的影响和制约。对华贸易政策的制定也是如此。

二、相关利益集团对美国制定对华贸易政策的影响

随着中美经贸关系的加强，中美贸易额持续的扩大，美国对华贸易政策对美国不同利益集团的影响也各不相同。各利益集团为了自己的利益，都极力游说、影响着美国政府和国会制定符合自己利益的对华贸易政策。其中影响力比较大的利益集团有：（1）企业集团。如“全国制造商协会”、“美国商会”、“企业圆桌会议”、“美国贸易紧急委员会”等，“美中企业协会”和“波音公司”等也因自身利益关注美国对华贸易政策。（2）劳工集团。处于具有竞争优势的领先行业的劳工集团经常主张对华施行自由贸易，而处于“夕阳”行业的劳工集团则认为，中国对美国的出口影响了美国工人的就业，主张抵制中国产品的进口。（3）公共利益集团。公共利益集团多关注一些会影响到贸易的非经济性或非职业性的问题。他们为了

保护自身利益、实现自身目标而支持相应的对华贸易政策。

一般来说，只有那些利益相关集团才会在美国对华贸易政策制定中产生决定性的影响。一些利益集团在商业利益的驱动下，积极主张对华施行自由贸易政策，反对保护主义。如美国全国贸易委员会、美中贸易企业界联合会、高技术产品大型公司、美国农场主集团等。因为他们主要从事对华高技术产品的出口，有大量的对华直接投资，对华自由贸易能够扩大其在中国的销售市场份额，增加其商业利益。他们大都主张中美之间建立和保持建设性、稳定性的双边关系。它们反对对中国实行贸易制裁，主张放宽对华高技术出口的管制政策。但同样，也有一些利益集团出于利益原因，主张实施对华贸易保护政策。如美国计算机软件联盟、美国大豆协会、北美小麦协会、全国猪肉生产商协会、美国制造商协会和美国纺织品制造商协会等，这些利益集团在中美贸易中受到中国产品的竞争，中国对美国的出口会减少其利润。所以这些集团经常主张对中国产品施行反倾销、反补贴等贸易救济措施，主张设置技术壁垒、绿色壁垒限制中国产品的进口。中美近年来的贸易摩擦多是由这些利益集团挑起的。此外，美国的环保组织、宗教组织、劳工组织等非商业团体在对华贸易问题上则主要强调政治利益和其他非物质性利益，要求美国政府对中国施加压力，确保其遵守“国际惯例”及符合美国的“公平贸易”原则。

各利益集团使用各种手段和方法以确保本集团的利益诉求得到政府和国会的认可和重视。从利益集团对美国对华贸易政策决策的影响渠道来看，主要包括以下几种：一是直接游说。对相关政策制定者进行游说是美国利益集团最常用的手段之一，其除了能引导决策部门制定出有利于自己利益的政策外，还要与其他对立的利益集团进行斗争，以便抵消或者淡化对方的影响力。二是竞选捐款。政治捐款不仅能帮助游说者接近政策制定者，而且有利于利益集团与候选人沟通或促使他们将来支持利益集团的政策目标。利益集团的竞选捐款对国会议员的政策倾向有着重要的影响。三是制造社会舆论进行间接影响。当利益集团通过直接游说效果不好，或者没有直接游说的内部渠道时，他们会在选民、一般公民、利益集团的基层会员或者其他利益集团中制造舆论，进而对政府制定贸易政策施加影响。

第三节 政治、经济影响因素

一个国家的对外贸易政策是实现该国利益的重要工具。美国对中国的贸易保护政策也是以维护美国的政治、经济利益为基础的，其制定必然要受到美国经济利益、政治利益的制约和影响。

一、以政治利益为主

美国对中国贸易政策的制定受美国的政治利益影响很大，随着美国在中国的政治利益的变化，美国对中国的贸易政策也相应进行着调整。从历史上看，在中美交往的多数时期，政治利益始终居于主导地位，美国对华贸易政策的制定主要是服务于美国对华的政治利益。

在冷战时期，由于前苏联的威胁，美国的根本利益是国家安全利益，随着国际政治形势的变化，美国相应采取了不同的对华政治、经济战略。新中国成立初期是封锁和遏制，而后是联中抗（前）苏。冷战结束初期，没有了抵制苏联的需要，中国对美国的战略重要性下降，加之中美政治体制、意识形态的不同，美国仍将中国视为其未来的主要威胁，同时美国在中国的经济利益的重要性尚未完全体现，人权等意识形态利益和潜在的安全利益成为主导美国对中国贸易政策的主要因素；“9.11”之后，国家安全利益的重要性再度上升，由于需要中国在政治上的支持与合作，美国对中国贸易政策再度走向了缓和。尽管中美经济利益不断上升，但政治经济利益始终起着主导作用，其变化直接影响着美国对中国战略的变动和中美经贸关系的变化。

当美国对华战略在政治上基调是缓和、接触或合作时，对华的贸易政策也相对宽松、自由；相反，当美国对华战略在政治上主要是防范和遏制时，对华的外贸政策则以封锁、制裁、摩擦和施压为主要手段。当中美两国政治关系总体平稳时，美国的经济利益与政治利益相一致，此时对中国的贸易政策更多地反映了经济利益自身的需要，通过贸易促进经济利益本身就成了美国国家战略的重要组成部分，中美之间的经济交往，不仅满足美国的经济利益，而且也有助于双方在政治和其他领域内开展合作。积极的对华贸易政策对于中美在政治等其他领域内的合作有着良好的影响和促进作用；但当两国政治关系出现危机和大的分歧时，美国的对华贸易政策就转变为政治政策的一种工具，以贸易政策来对中国施压，以经济封锁和制裁，甚至动用武力来对中国进行威胁，以增加政治筹码，实现美国的政治利益。

二、受经济利益的影响越来越大

虽然美国对中国制定贸易政策主要依赖于中美的政治关系和美国的政治利益，但随着中国经济的迅速发展壮大，中美贸易的快速发展，美国在中国的经济利益的重要性日益凸显，维护中美贸易的正常发展对美国经济、政治的重要性得到了美国政府和很多有识之士的认知。美国对中国贸易政策的独立性也正在不断上升，美国对华贸易政策的延续性和地位不断得到增强。中美经贸关系发展了30多年，两国已经建立了密切的经贸关系，特别是20世纪90年代以来，中美经济相互依存表现得更加明显。随着美国在华经济利益的日益扩大，经济政策的制定受政治因素的影响正在逐渐变小。所以，尽管1989年以后中美政治关系起伏不定，但经贸关系一直向前发展。进入21世纪以来，虽然因为美国的贸易赤字、人民币汇率、中美贸易逆差不断扩大等问题，美国政府不断向中国施压，但这些经济摩擦是双边贸易发展过程中必然出现的正常现象，而且可以在经济领域内得到解决，不会引发双方更进一步的冲突。同时，在经历了诸多政治危机之后，两国政府对于中美经济和政治关系的重要性已经有了相当的默契和共识。即便双方在政治领域仍有众多分歧，但是现有的冲突已经不能够成为中美经济关系向前发展的主要障碍。

随着中美双边贸易总量的不断扩大和美国在华直接投资的不断增长以及中国对美国的间接投资的增长，中美之间在经济上的相互依赖性日益增加。中美之间的双边贸易额从1979年的23亿美元快速增长到2009年的2983亿美元，1980年中国是美国的第24位贸易伙伴，2006年后中国超过墨西哥成为美国的第2大贸易伙伴。同样，美国也是中国的第二大贸易伙伴。伴随着美国对华贸易逆差的扩大，中国对美国的间接投资也快速增长。截至2009年年末，中国持有的美国国债达到9157亿美元，占美国国债总量的26.4%，居世界第一位。美国对华直接投资的增长也加大了中国对美国经济的影响，美国在中国投资的企业赢利丰厚，据美国商会的一项调查显示，86%的美国公司在华收益正在提高，相对于美国企业在中国的盈利水平和中国巨大的市场机会而言，42%的美国公司在中国的利润超过了他们在全球的利润率，而据摩根士丹利公司估计，2004年美国公司从中国制造的产品中获得的利润近600亿美元，占标准普尔指标公司全年利润的10%以上，美方数据显示中美经贸合作带动美国就业人数在400万—800万人。

中美之间的经贸关系互相依赖性日益明显，中国通过购买美国的金融资产，为美国的净支出提供资金和商品，不仅有助于降低美国的物价水平，同时也支持了美国国内庞大的消费和投资开支，成为美国经济潜在增长的来源，两国成为国际分工格局中不可分割的整体，这一点在本次经济危机之后尤其明显。中美经贸合作使美国获得了巨大的利益。中国向美国出口了大量价廉物美的劳动力及日常消费品，使美国广大消费者得到了实惠，美国的投资商和零售商赚取了巨额的利润，同时也提供了大量的就业机会。随着中美两国经济关系的日益紧密，美国在华经济利益仍将保持上升趋势，这将对美国对中国贸易政策的制定起着越来越大的影响，是美国对华实行自由贸易政策的基础。

第四节 美国对华新贸易保护主义的根本目的

美国对外贸易政策的制定始终是围绕其对外政治经济利益为中心，为其国家战略服务的。冷战结束后，随着前苏联的解体，美国成为唯一的超级大国，但此时在世界经济领域的竞争却更激烈、更复杂。随着欧盟和日本经济的发展，美国经济占世界经济的比重已较第二次世界大战结束时大大降低。而此时的中国、俄罗斯、印度、巴西等国的经济也都开始了较快的发展，世界经济领域多极化的格局已初步显现。在这种局势下，美国决心重振经济、巩固美国经济实力世界领先的优势。在这种背景下，美国对华实施贸易保护的根本目的就是遏制和延缓中国的崛起，以维护其世界霸主地位。

一、中国崛起对美国的挑战

中国在近些年的迅速发展，快速崛起，一方面给美国发展带来了机遇，另一方面也给美国确保世界领先的发展战略带来了挑战。

中国的人口是美国的5倍，经济发展速度又高居世界首位，中国在经济规模上已经先后超越英国、法国、德国、日本，达到了世界第二。中国的出口额无论是在绝对量还是相对量都超过了美国，我国已经成为世界第一大出口国，美国沦为第二大出口国（表3－1）。

表 3-1　1978—2008 年中国主要工农业商品产量居世界位次

指　标	1978 年	1990 年	2000 年	2005 年	2007 年	2008 年
GDP	10	11	6	4	4	3
主要工业商品产量						
钢	5	4	1	1	1	1
煤	3	1	1	1	1	1
原　油	8	5	5	5	5	5
发电量	7	4	2	2	2	2
水　泥	4	1	1	1	1	1
化　肥	3	3	1	1	1	1
棉　布	1	1	2	1	1	1
主要农业商品产量						
谷　物	2	1	1	1	1	
肉　类	3	1	1	1	1	
籽　棉	2	1	1	1	1	
大　豆	3	3	4	4	4	
花　生	2	2	1	2	1	
油菜籽	2	1	1	1	1	
甘　蔗	7	4	3	3	3	
茶　叶	2	2	2	1	1	
水　果	9	4	1	1	1	

资料来源：由 2009 年《中国统计年鉴》（中国统计出版社 2009 年版）整理得到。

中国已经成为了生产大国。1978 年和 2007 年相比，钢产量在世界排名分别为第 5 和第 1；煤产量分别为第 3 和第 1；原油产量分别为第 8 和第 5；发电量分别为第 7 和第 2；水泥分别为第 3 和第 1；化肥分别为第 3 和第 1；谷物分别为第 2 和第 1；肉类分别为第 3 和第 1；水果分别是第 9 和第 1。到 2007 年，我国的钢、煤水泥、化肥、谷物、肉类、水果的产量都居世界第一。我国已经是一个名副其实的生产大国（表3－2）。

表3－2　巴西、中国、德国、印度、日本、美国出口占世界比重

单位：10亿美元

年份	出口							占比					
	世界	巴西	中国	德国	印度	日本	美国	巴西	中国	德国	印度	日本	美国
1995	6309	47	149	523	31	443	585	0.007	0.024	0.083	0.005	0.070	0.093
1996	6685	48	151	525	33	411	625	0.007	0.023	0.078	0.005	0.061	0.094
1997	6950	53	183	513	35	421	689	0.008	0.026	0.074	0.005	0.061	0.099
1998	6843	51	184	544	33	388	682	0.007	0.027	0.079	0.005	0.057	0.100
1999	7091	48	195	544	36	418	696	0.007	0.027	0.077	0.005	0.059	0.098
2000	7892	55	249	552	42	479	782	0.007	0.032	0.070	0.005	0.061	0.099
2001	7631	58	266	572	43	403	729	0.008	0.035	0.075	0.006	0.053	0.096
2002	8020	60	326	616	49	417	693	0.008	0.041	0.077	0.006	0.052	0.086
2003	9342	73	438	752	59	472	725	0.008	0.047	0.080	0.006	0.051	0.078
2004	11332	97	593	910	77	566	815	0.009	0.052	0.080	0.007	0.050	0.072
2005	12889	119	762	971	100	595	901	0.009	0.059	0.075	0.008	0.046	0.070
2006	14857	138	969	1108	122	647	1026	0.009	0.065	0.075	0.008	0.044	0.069
2007	17283	161	1220	1321	150	714	1148	0.009	0.071	0.076	0.009	0.041	0.066
2008	19733	198	1431	1446	195	782	1287	0.010	0.073	0.073	0.010	0.040	0.065
2009	15746	153	1202	1126	163	581	1056	0.010	0.076	0.072	0.010	0.037	0.067

资料来源：1. 2010年国际货币基金组织《世界经济展望报告》。
2. 2011年世界贸易组织数据库。

表3－2指出，1995年美国的出口额为5850亿美元，占世界总出口额的9.3%，中国的出口额为1490亿美元，占世界总出口额的2.4%；2005年，美国的出口额为9010亿美元，占世界总出口额的7%，中国的出口额为9710亿美元，占世界总出口额的7.5%。经过短短的10年，中国出口的绝对量和相对量都超过了美国。到2009年美国的出口额为10560亿美元，占世界总出口额的

6.7%，中国的出口额为12020亿美元，占世界总出口额的7.6%。和日本相比，1995年日本的出口额为4430亿美元，是我国的2.9倍；到2005年，日本的出口额5950亿美元，中国为7620亿美元，为日本的1.3倍；到2009年，日本的出口额为5810亿美元，我国为12020亿美元是日本的2倍之多。到2009年，我国成为世界第一大出口国，把美国甩在了第2位上。

恩格斯说："民族工业的某一个部门一旦彻底占领了国内市场，出口便成了它的必然要求"。"从国内贸易向出口贸易过渡便成为各有关工业部门的生死存亡的问题了"。"使输出工业品的数量不断增长，实际上成了关系这个国家的生死存亡的问题"。"他们的生存本身也依赖于出口的扩大"。[①] 恩格斯这些论断在今天仍然是有效的。在1995年，当我国的出口相当于美国25%的时候，已经引起美国的警觉；在2005年，当我国的出口为美国的107%，超过美国时，美国立即实行保护措施要求我们人民币兑美元升值，试图减少我国对美国的出口，扩大我国对美国的进口；当我国成为世界第一大出口国，把美国甩在第2位上的时候，美国不但强行要求人民币兑美元汇率继续升值，而且不断扬言要对我国实行经济制裁。

回顾历史，面对现实，我们会发现，无论英国还是美国，当他们不够强大的时候总要奉行保护主义，发展他们的工业；当他们的工业发展起来之后，则奉行自由贸易，以便占领别国的市场；当他们发现别的国家在工业生产和贸易两个方面赶超上来的时候，他们立即重新实行保护主义，以便阻碍别的国家发展，挽救自己的落伍局面。

---

① 《马克思恩格斯全集》（第21卷），人民出版社1958年版，第413—430页。

二、美国对其竞争对手的遏制

在美国成为世界霸主的过程中，曾经先后面对英国、前苏联和日本三个竞争对手。对于这些国家，美国除了在国内展开种种努力措施之外，在国际上也精心谋划，积极采取了一系列策略和措施来遏制其竞争对手。

（一）英国

在18世纪和19世纪，英国经济实力在很长一段时间里位居世界第一位。但第二次世界大战后，英国实力被战争削弱，美国对于盟友英国采取的却是“挖墙脚”式的政策。美国利用战后殖民地民族解放运动高涨的势头，用国际托管、自由贸易、民族自决等口号来推波助澜，并且利用英国战后财政上的困难，从经济上瓦解英联邦，突破帝国特惠制。例如，在1945年12月与英国签订的财政协定上，美国同意给英国贷款37.5亿美元，条件是英国同意取消英镑区的外汇管制，降低关税，最后取消英镑区的帝国特惠制，不限制美国货进口。随着英国殖民地体系的瓦解和帝国特惠制的消亡，英国的世界强国地位迅速没落，再也无力与美国竞争了。

（二）前苏联

前苏联是在第二次世界大战后崛起的世界强国，也是战后唯一能与美国在政治和军事上竞争的国家。出于对共产主义的敌视和维护美国霸权优势的需要，美国在战后不久就联合英、法等资本主义国家成立了北约组织，推行以遏制共产主义、遏制前苏联为核心内容的冷战政策。美国长期推行的遏制战略，给前苏联的发展造成了巨大的国际压力，不仅促使了前苏联经济的畸形发展，也使前苏联在与美国进行的军备竞赛中消耗了大量的国力，最终陷入内外交困的境地。前苏联最终的解体，有着极其复杂的历史原因，但是不可否认的是，美国对前苏联的遏制起了很大的推波助澜作用。

（三）日本

第二次世界大战后，日本迅速发展国家经济，1950年至1971年日本国民生产总值平均每年增长10%，绝对额由110亿美元增至2184亿美元，在资本主义世界中经济总量由第7位升到第2位，仅次于美国，在工业品产值、出口贸易、黄金外汇储备等方面都居资本主义国家中的第2或第3位。日本的快速发展使得美国感到了威胁，美国为遏制日本的发展，采取了一系列对日贸易保护措施，例如，施加贸易摩擦压力，迫使日本采取措施以平衡对美贸易逆差；强迫日本采取自愿出口限制；威胁日本若不满足美国的要求，就任由国会对日本施加严酷的贸易保护主义措施；一再压迫日元升值等等。日本被迫与美国先后签署了日美《棉织品协议》、《汽车协议》、《半导体协议》等以日本实行自愿出口限制为主要内容的协议。这使得日本对美国的出口贸易遭受到很大的打击，经济的上升势头开始减缓。美国还逼迫日本签订了《广场协议》，其后日元快速大幅度升值，沉重打击了日本经济。从1990年以后，日本经济开始了长期的萧条，直到今天，也没有出现大的起色。

从美国对英国、前苏联和日本的政策措施中可见，为了维护其自身的发展优势，美国对其竞争对手从来都是采取遏制政策的，不管是昔日的盟友，还是潜在的对手，美国都从不手软。现今，中国经济的快速发展，已经给美国确保优势的经济发展战略带来了压力，美国必然也会故技重演，精心谋划各种策略遏制中国的发展以维护美国在世界上的优势地位。

三、遏制中国的发展

从中美贸易摩擦的发展历程上分析，中美贸易摩擦频率的高低和规模的大小与中国经济发展的进程有明显的相关关系。1980 年到 1989 年，是中国经济改革开放的起步阶段，中国开始由一个封闭的计划经济体系逐步向开放的市场经济体系转变，中国的经济发展活力虽然在体制改革中得到了初步释放，但中国的市场经济还处于初期发展阶段，中国经济无论是规模还是质量都无法与美国相比。在这一阶段，中美的外交关系和经贸关系都相对平稳，中美贸易摩擦总体呈现低频率、小规模的特征，而且与政治因素并无明显联系。

1990 年以后，中国的改革开放进入调整时期，特别是邓小平 1992 年南方谈话以后，中国经济体制改革开始向纵深发展，多个经济特区相继建立，对外贸易获得长足发展，国民生产总值快速增加，中国经济在世界经济中的比重逐渐增强。虽然中国经济在规模与质量上仍无法与美国经济相比。但在这一期间，中美贸易摩擦开始逐渐频繁，特别是在 1993 年、1994 年达到最高峰。美国在这一阶段对中国的贸易摩擦，主要的特点就是利用中国在经济发展中对美国的依赖，将贸易问题与政治问题挂钩，以贸易摩擦为手段迫使中国在政治利益上向美国让步，其中人权、政治自由、武器扩散等是经常被提及的重点。在这一阶段，中国对美国挑起贸易摩擦的反击也非常坚决有力。因此，在实际效果上，中美贸易摩擦并未对中美双边贸易带来太大的影响，而且由于贸易摩擦的涉案金额并不大，对中国的经济发展也没有产生明显的影响。在这一阶段，尽管中国经济发展迅速，但美国挑起贸易摩擦主要是为政治目的而不是经济目的服务的。

2001年以来，随着中国加入WTO，中国市场进一步向世界开放，中国经济继续保持每年8%以上的速度增长，到2010年，中国已经成为世界第二大经济体、世界上最大的出口国，单从规模上看，中国经济崛起已经成为事实，中国已经成为贸易大国。尽管美国当前仍是世界最大的经济体，而且中国经济从规模和质量上看仍然与美国有较大的差距，但受经济危机的影响，美国经济发展低迷，目前中国形成的经济规模和保持的快速发展速度，已经使美国开始感到竞争的压力。这一期间，中美贸易摩擦不论是摩擦的领域还是摩擦的规模都不断扩大、摩擦手段更多样、摩擦形态更复杂、宏观层次的摩擦压力更大等。特别是自2003年以来，美国对中国产品的贸易救济立案数量开始急剧上升，涉案金额也不断扩大，从裁决的结果看，对中国产品的惩罚也越来越多的落到了实处，对中国经济的危害越来越大。

从上文可见，中美贸易摩擦频率的高低和规模的大小，与中国三个阶段的经济发展进程基本一致，这表明中美贸易摩擦与中国的经济发展程度有明显的相关关系，美国对中国的贸易政策是以遏制中国的经济增长为主要目标的。在美国的冷战思维逻辑中，中国已经成为美国的“竞争对手”，在这样的背景下，美国必将采取一切措施遏制中国的崛起。美国对中国实施的一系列贸易保护措施，并不是完全出于对中国经济发展将损害美国经济利益的担心，因为相对于中美双边贸易中美国获得的高额利润相比，这些损害实际上是很微小的，甚至也是不可避免的，因为美国消费者要购买中国的廉价产品，不得不放弃购买本国的高价产品，美国企业要利用中国的廉价劳动力和廉价资源，当然也必须将生产基地从本国转移到中国来。其主要原因还是美国对中国的发展的疑虑和不信任，美国主要担心中国经济的快速发展对美国确保优势的经济发展战略构成了压力或挑战。因此，中美双边贸易的快速发展以及经济相互依赖关系的形成，并不意味着中美经贸关系的一帆风顺，美国对中国的遏制不会停止。

四、保持美国的优势地位

美国对中国施行贸易保护措施的另一个根本目的是保持美国在世界的优势地位。例如，1997—1998 年亚洲金融危机和 2008 年以来的世界经济危机时期。从中国方面看，在这两次经济危机中，中国都坚持保持人民币汇率稳定、人民币不贬值的货币政策，中国的出口都由于其他国家的货币贬值和国外市场需求的萎缩而增幅收窄。在中美双边贸易上，美国都处于逆差地位。美国产品在两次经济危机中所面临的中国贸易环境，即人民币汇率和贸易逆差等情况都是基本相同的。但是，从 1980—2005 年美国对华贸易救济立案情况看，在 1997 年到 1998 年间，美国的对华贸易救济立案数量很少，并且是自 1987 年以来的最低点。而在 2008 年后的这一轮经济危机中，美国对中国发起的贸易救济调查，无论是数量还是金额都急剧攀升，成为 1980 年以来美国对华贸易救济调查立案数量的最高点，并被认为“在世界贸易救济历史上都是极其罕见的”。

这种在大致相同的双边贸易环境下出现的截然相反的情况，说明中美贸易摩擦产生的根源并不在中国。如果确实是由于中国的人民币汇率过低和存在巨额中美贸易逆差而使美国经济受损，那么美国对中国产品发起贸易救济调查的情况应该在两次经济危机中相差不大，至少不会出现如此巨大的反差。通过对比美国在两次经济危机中的经济发展状况，就可以看出美国对华贸易政策的根本目的了。1997年至1998年亚洲金融危机时期，从经济发展态势上看，美国经济与中国经济相比具有明显的优势。然而在当前的世界经济危机中，形势刚好完全相反。当前的世界经济危机由美国的次贷危机引发，美国一直处于危机的中心，大量工厂、企业倒闭，工人失业。但是，在中国政府4万亿人民币的国内投资带动下，2009年GDP的增长速度仍然达到8.7%，在世界所有主要经济体中一枝独秀。

中国经济在当前危机中的表现与美国经济的低迷形成了鲜明的对比，美国舆论开始担忧美国正在失去优势。美国《纽约时报》2009年10月14日发表题为《在经济危机中，中国巩固了它在世界贸易中的领先地位》的文章，认为“中国正从出口竞争对手的手中抢夺市场份额，进一步巩固它在国际贸易中的优势。……即便（美欧）经济复苏，中国的这种优势也会延续很长时间。”美国《新闻周刊》2009年10月26日发表题为《经济衰退的真正赢家》的文章，指出这场全球经济危机的赢家是北京。可见，中美两国在两次经济危机中相反的经济发展态势，与中美贸易摩擦在两次经济危机中频率与规模的变化呈现明显的相关关系：当美国经济发展态势优于中国时，中美贸易摩擦的频率就相对较低、规模也较小，而当中国经济发展态势优于美国时，中美贸易摩擦的频率就相对较高、规模也较大。这就表明美国对中国实施贸易保护政策，其主要目的是为维护其经济在世界的优势地位。

五、自由贸易、保护主义和武力威胁三手的结合运用

自由贸易、保护主义和武力征服三手巧妙结合是西方列强惯用伎俩。恩格斯指出，当年的英国就是这样做的。“保护关税制度在十七世纪初产生的时期是这样，在十九世纪的许多年代里，仍然是这样。保护关税制度当时被认为是西欧一切文明国家的正常政策。……现代工业体系即依靠用蒸汽发动的机器的生产，就是在保护关税制度的卵翼之下于十八世纪最后三十多年中在英国发展起来的。而且，好像保护关税率还不够似的，反对法国革命的几次战争又帮了忙，确保了英国对新工业方法的垄断。”① 现在的美国也是如此。在占有优势的行业美国历来主张自由贸易，而在处于劣势的行业，美国从来没有停止过贸易保护，而且为了达到其保护目的，美国也经常在政治上对中国施压，甚至不惜利用军事力量对中国进行威胁，例如美国对台出售军火武器，不断与日本、韩国在我国周围进行大规模军事演习等。美国经常把自由贸易、保护主义和武力威胁这三手巧妙地结合起来推行其贸易保护主义，限制我国的发展和崛起，维持其世界霸主地位。

① 《马克思恩格斯全集》（第21卷），人民出版社1965年版，第418—420页。

第四章

美国对华贸易保护措施

多年来，美国为了推行对中国的贸易保护政策，对华施行了一系列的贸易保护措施，其主要包括：限制对中国出口高科技产品，频繁发起反倾销、反补贴、保障措施等贸易救济措施，还一再以人民币被低估为由压人民币大幅升值，同时还制造了知识产权壁垒、技术性贸易壁垒和绿色壁垒等一系列非关税贸易壁垒。从历史上看，英国和美国都是在经济发展初期，经济基础薄弱、国际竞争力不强的时候施行保护主义，以保护本国经济的发展；当他们经济实力强大，具备国际领先地位时，为了打破其他国家的贸易壁垒，扩大出口市场以获取更多的利益，他们就开始积极主张施行自由贸易。但当他们的经济发展迟缓，世界优势地位受到挑战时，他们又重新推行贸易保护，以期遏制其竞争对手的发展。美国现阶段对华的贸易保护主义正是处于第三个阶段，当初英国的保护主义贸易政策未能挽救英国的衰落，现今，美国以遏制中国崛起而发起的贸易保护主义也必然不会成功。

第一节 美国限制向中国出口高科技产品

2010年，中国的GDP总量在全世界排名第三，出口额世界排名第一，进出口总额在全世界排名第二，外汇储备为世界各国之首。近些年，中国是世界经济增长最快的国家，中国又是世界人口最多的国家。这一切说明中国拥有强大的购买力，可以持续地向美国购买大量的商品和劳务，促进美国的就业和经济增长。令中美两国企业和消费者万般无奈和十分遗憾的是，美国对向中国出口却作出了种种限制。这是美国对华新贸易保护主义的主要手段，也是美国对中国贸易出现逆差的重要原因（表4－1、表4－2）。

表4－1 2000—2009年中国从美国进口的商品结构 单位：亿美元

年份	2000	2001	2002	2003	2004	2005	2006	2007	2008	2009
总量	161.85	191.82	221.27	283.67	344.27	411.92	536.73	629.36	697.32	695.76
电机、视听设备	26.99	34.32	39.48	47.81	60.72	68.52	101.54	106.66	113.66	94.77
占比（%）	16.70	17.90	17.80	16.90	17.60	16.60	18.90	16.90	16.30	13.60
谷物、水果	10.44	10.31	10.24	29.35	23.71	22.85	25.86	41.79	73.22	93.12
占比（%）	6.50	5.40	4.60	10.30	6.90	5.50	4.80	6.60	10.50	13.40

续表

年份	2000	2001	2002	2003	2004	2005	2006	2007	2008	2009
核反应堆、锅炉、机械	34.92	40.52	40.97	46.37	60.67	62.16	74.97	85.91	93.84	84.00
占比（%）	21.60	21.10	18.50	16.30	17.60	15.10	14.00	13.70	13.50	12.10
航空、航天产品	16.91	24.47	34.28	24.30	18.14	37.90	48.36	52.18	39.09	53.36
占比（%）	10.50	12.80	15.50	8.60	5.30	9.20	9.00	8.30	5.60	7.70
塑料制品	7.19	8.38	9.83	12.45	17.96	22.62	27.15	36.00	38.36	43.78
占比（%）	4.40	4.40	4.40	4.40	5.20	5.50	5.10	5.70	5.50	6.30
光学仪器、医疗设备	8.14	12.48	12.43	15.94	20.74	23.88	29.27	32.84	37.14	39.65
占比（%）	5.00	6.50	5.60	5.60	6.00	5.80	5.50	5.20	5.30	5.70
钢铁产品	2.69	4.55	4.94	11.01	10.99	15.96	17.76	22.25	24.43	28.49
占比（%）	1.70	2.40	2.20	3.90	3.20	3.90	3.30	3.50	3.50	4.10
纸浆	2.74	3.29	4.14	6.05	7.44	9.94	14.73	20.53	22.33	24.97
占比（%）	1.70	1.70	1.90	2.10	2.20	2.40	2.70	3.30	3.20	3.60
有机化学产品	4.88	3.99	6.19	11.11	15.50	15.12	14.16	21.01	20.83	23.98
占比（%）	3.00	2.10	2.80	3.90	4.50	3.70	2.60	3.30	3.00	3.40
汽车及配件	1.97	2.45	2.89	4.32	6.55	9.40	12.91	19.69	18.77	19.21
占比（%）	1.20	1.30	1.30	1.50	1.90	2.30	2.40	3.10	2.70	2.80

资料来源：根据2000—2009年美国国际贸易管理署的贸易统计数据整理得到。

表4-2　2000—2009年中国对美国出口商品结构　　单位：亿美元

年份	2000	2001	2002	2003	2004	2005	2006	2007	2008	2009
电机、视听设备	195.31	197.27	244.12	287.86	401.98	530.82	648.94	767.19	803.45	729.44
占比（%）	19.50	19.30	19.50	18.90	20.40	21.80	22.60	23.90	23.80	24.60

续表

年份	2000	2001	2002	2003	2004	2005	2006	2007	2008	2009
核反应堆、锅炉、机械	134.03	137.20	202.16	299.27	438.37	527.32	622.72	640.25	651.49	624.23
占比（%）	13.40	13.40	16.10	19.60	22.30	21.70	21.60	19.90	19.30	21.10
玩具、游戏与运动装备	123.83	122.14	144.42	161.15	172.24	191.42	208.96	261.27	271.81	231.99
占比（%）	12.40	11.90	11.50	10.60	8.80	7.90	7.30	8.10	8.00	7.80
家具、床上用品、灯具	72.02	74.91	99.24	118.22	144.19	170.52	193.59	203.61	194.06	160.23
占比（%）	7.20	7.30	7.90	7.80	7.30	7.00	6.70	6.30	5.70	5.40
鞋类产品	91.85	97.57	102.27	105.63	113.47	127.24	138.87	141.34	144.80	133.36
占比（%）	9.20	9.50	8.20	6.90	5.80	5.20	4.80	4.40	4.30	4.50
服装（非针织类）	41.67	41.53	44.77	54.90	66.18	102.35	118.57	134.04	133.15	129.03
占比（%）	4.20	4.10	3.60	3.60	3.40	4.20	4.10	4.20	3.90	4.40
服装（针织类）	20.34	22.77	26.18	31.99	41.04	65.75	80.11	105.60	106.83	114.58
占比（%）	2.00	2.20	2.10	2.10	2.10	2.70	2.80	3.30	3.20	3.90
塑料制品	29.14	32.37	37.65	42.80	51.94	66.34	74.66	82.49	89.41	80.32
占比（%）	2.90	3.20	3.00	2.80	2.60	2.70	2.60	2.60	2.60	2.70
钢铁产品	18.81	21.08	25.35	31.99	46.13	61.96	83.65	97.64	120.38	74.95
占比（%）	1.90	2.10	2.00	2.10	2.30	2.50	2.90	3.00	3.60	2.50
皮革制品、箱包	38.35	39.09	44.72	50.50	57.09	62.58	68.37	72.30	73.85	59.93
占比（%）	3.80	3.80	3.60	3.30	2.90	2.60	2.40	2.20	2.20	2.00

资料来源：根据 2000—2009 年美国国际贸易管理署的贸易统计数据整理得到。

美国的某些政府政要和国会议员不会不知道“赫柯歇—俄林理论”。由于各国资源禀赋不同，发展的历史不同，这就产生了互利互惠的贸易。资本丰富的国家，多生产资本密集型产品，出口资本密集型产品；劳动丰富的国家，多生产劳动密集型产品，多出口劳动密集型产品。美国是世界公认的资本丰富的国家，理应多生产、多出口资本密集型的产品。中国是世界公认的劳动丰富的国家，当然要多生产、多出口劳动密集型的产品。但美国对华贸易的事实恰好与这个理论相背离。

2009年，中国向美国出口的核反应堆、锅炉和机械产品价值额为624.2亿美元，占中国对美国总出口额的21.1%，而美国对中国出口的同类产品的价值额仅为84亿美元，占美国对中国出口额的12.1%。就绝对量来说，中国出超额高达540.2亿美元。中国向美国出口电机、视听设备的价值额为729.4亿美元，占中国对美国总出口额的24.6%，而美国对中国出口的同类产品的价值额为94.7亿美元，占美国对中国出口额的13.6%。从绝对量上看，中国出超额为547.3亿美元。这两大类产品均属于科技含量较高的产品。另一方面，美国向中国出口的谷物和水果的价值额为93亿美元，占美国对中国总出口额的13.4%，中国向美国出口的同类产品数字很小，没有列在前10名之内。这组数字似乎证明，中国是资本密集型国家，美国则是劳动密集型国家，中国向美国出口资本密集型产品，从美国进口劳动密集型产品。这显然是不符合实际的，但这又是中美贸易的事实。这种扭曲的事实不是经济规律造成的结果，而是美国对华限制出口的贸易政策造成的结果。

自从中华人民共和国成立以来，美国历届政府都实行限制对中国出口的贸易政策，以求达到阻碍中国经济发展的目的。进入21世纪后，美国看着中国经济的崛起，口上说表示欢迎，行动上却一再加以阻挠。特别是2005年以后，更是变本加厉。2006年7月6日，美国商务部下属专门负责出口管制政策的产业和安全局（BIS）公布了《对中华人民共和国出口和再出口管制政策的修改和澄清及新的授权合格最终用户制度》草案，扩大了对华出口管制商品的范围。按照该法规的最新文本，高科技产品出口许可证的审查标准将更加严格，同时还将建立发放“合格最终用户”许可的新制度。对美方所认为凡列为“可能出售给中国军事最终用户”的产品，新规定实施了严格的限制。这些受限的产品、技术和软件共涉及20大类，分31个小项，具体包括飞机及飞机引擎、航空电子、惯性导航系统、激光、贫铀、水下摄影机、推进器系统以及部分用于空间电讯和防空的仪器等。在该项草案中，美国商务部对华限制出口的高科技产品多达47类。

需要特别指出的是，美国商务部下属的专门负责出口管制政策的部门于2007年6月15日公布了《对中华人民共和国出口和再出口管制政策的修改和阐释、新的验证最终用户制度、进口证明与中国最终用户说明要求的修改》。该决定声称，从2007年6月19日开始收紧对中国20个大类的美国高科技产品出口的限制。新的管制措施包括美国认为可能被中国用来强化军事力量的敏感战略技术，其中包括部分飞机和飞机发动机技术、航空电子、导航系统、激光、光导纤维、水下摄像技术、推进器系统、贫化铀，以及部分用于空间电讯和防空的仪器等。美国商务部部长古铁雷斯发表声明说，出台这些举措是为了美国的“国家安全”，维护美国出口商的利益及保护就业。但事实证明，美国的这种措施恰恰阻碍了美国经济的增长，增加了美国的失业率，损害了美国消费者和出口商的利益，其根本目的就是遏制中国的崛起。

第二节 贸易救济措施

反倾销、反补贴和保障措施一直是贸易救济的主要措施，也是多年来美国最主要的对华贸易保护手段。多年来，中国一直是世界上遭遇反倾销、反补贴最多的国家，中国企业深受其害。

一、反倾销

反倾销是指当确认外国商品在本国市场上存在倾销时所采取的抵制措施。按照倾销的定义，若产品的出口价格低于正常价格，就会被认为存在倾销。出口价格低于正常价格的差额被称为倾销幅度。当被确认存在倾销时，该国将对倾销产品征收反倾销税。征收反倾销税的数额可以等于倾销幅度，也可以低于倾销幅度。若出口商自愿作出了令人满意的承诺，修改价格或停止以倾销价格出口，则调查程序可能被暂停或终止，有关部门不采取临时措施或征收反倾销税。

中国多年来一直是世界上遭受反倾销调查最多的国家，中国的企业因此损失很大。美国对中国的反倾销起始于1980年美国对中国的薄荷醇反倾销调查，此后，美国已对中国产品实施了100多项反倾销措施。2004年美国对中国产品发起6起反倾销调查，2005年美国共对中国发起4起反倾销立案调查，2007年，美国对华发起反倾销反补贴合并调查7起。经济危机之后，美国对中国的反倾销次数大幅度增加。例如，2008年美国对中国产品发起5起反倾销反补贴合并调查，涉案金额5.1亿美元。同期，美国对中国的床用内置弹簧组等产品发起5起反倾销调查，涉案金额2.8亿美元。美国还就此前对华发起的7起“双反案”和6起反倾销案作出了终裁。

二、反补贴

反补贴是指一国政府为了保护本国经济健康发展，维护公平竞争的秩序，或者为了国际贸易的自由发展，针对补贴行为而采取的限制性措施。若反补贴调查最终裁定存在补贴和产业损害，调查机关便可决定对补贴进口产品征收反补贴税。相对于反倾销，反补贴对一国经济的影响更加广泛和持久，危害更大。这是由于为了应对反补贴调查，被调查国家必须逐步调整相应的贸易和产业政策，而这种调整将对一国经济、政治、社会发展都产生巨大影响。而且反补贴还具有连锁效应，若一国在反补贴调查中被认定存在补贴措施，其他国家在反补贴调查中可以直接援引。

改革开放以来，中国各级政府为鼓励出口，出台了一系列经济优惠措施和政策。加入WTO后，中央政府为履行入世承诺，逐步取消了大规模的出口补贴，但地方政府补贴没有受到入世协定的约束，仍普遍存在。这些政策都可被美国反补贴法认定为补贴行为，成为美国反补贴调查的对象。例如2006年11月，美国首次对中国出口铜版纸发起反倾销反补贴合并调查，这是美国第一次对中国出口产品提起反补贴调查。2007年6月，美国对中国输美薄壁矩形钢管发起反倾销调查，同时对中国产品进行反补贴调查。中国已经成为世界上遭到反补贴调查最多的国家。至2009年，中国共遭遇反补贴调查22起，其中美国最多，为13起。

三、保障措施

保障措施是指一国在进口激增并对其国内产业造成严重损害或严重损害威胁时，依据《1994年GATT》所采取的进口限制措施，进口当局在调查、确认了进口急剧增加的事实、原因及后果后，并履行了通知与磋商义务后，该国政府即可采取保障措施。保障措施实施方式主要有：提高关税，实行关税配额以及数量限制等。但保障措施的实施一般不应超过4年，并且应该遵循无歧视原则，对所有同类进口产品一视同仁。

在中美贸易摩擦中，美国频频以特保条款为依据对中国产品发起"特保"调查。美国对华提起特别保障措施的首例案件是关于原产于中国的椅座升降装置的特别保障措施，而大批量产品遭遇美国特别保障措施制裁的行业主要为纺织业。截至2007年，美国已启动"特保"调查9起，涉及的产品主要是钢铁制品和纺织品等。2009年4月29日，美国国际贸易委员会（ITC）对原产于中国的乘用车和轻型货车轮胎启动特别保障措施调查程序。该案件涉及金额达17亿美元，是迄今最大案值的一起对华"特保"调查（表4-3、表4-4）。

表4-3 美国正在实施的对华贸易救济措施

序号	产品中文名称	产品英文名称	措施类别	税令公布日期	税令更新日期
1	涤棉印花布	Greige polyester cotton printcloth	反倾销	1983年9月16日	2005年6月27日

续表

序号	产品中文名称	产品英文名称	措施类别	税令公布日期	税令更新日期
2	高锰酸钾	Potassium permanganate	反倾销	1984年1月31日	2005年6月21日
3	三氯硝基甲	Chloropicrin	反倾销	1984年3月22日	2004年8月23日
4	氯化钡	Barium chloride	反倾销	1984年10月17日	2004年8月5日
5	铁制铸件	Iron construction castings	反倾销	1986年5月9日	2005年6月29日
6	石蜡	Petroleum wax candles	反倾销	1986年8月28日	2005年9月29日
7	搪瓷厨具	Porcelain - on - steel cooking ware	反倾销	1986年12月2日	2005年11月22日
8	圆锥滚子轴承	Tapered roller bearings	反倾销	1987年6月15日	2006年9月15日
9	重锻造手动工具（轴、扁斧、棒、楔、锤、锄）	Heavy forged hand tools - Axes & adzes, Bars & wedges, Hammers & sledges, Picks & mattocks	反倾销	1991年2月19日	2006年2月16日
10	硅金属	Silicon metal	反倾销	1991年6月10日	2006年12月21日
11	烟花	Sparklers	反倾销	1991年6月18日	2005年12月5日
12	碳钢焊接接口	Carbon steel butt - weld pipe fittings	反倾销	1992年7月6日	2005年11月21日
13	对氨基苯磺酸	Sulfanilic acid	反倾销	1992年8月19日	2006年5月11日
14	螺旋形弹簧锁垫圈	Helical spring lock washers	反倾销	1993年10月19日	2006年7月3日
15	鲜蒜	Fresh garlic	反倾销	1994年11月16日	2006年10月19日
16	曲别针	Paper clips	反倾销	1994年11月25日	2000年8月15日
17	硅锰合金	Silicomanganese	反倾销	1994年12月22日	2006年9月14日
18	铅笔	Cased pencils	反倾销	1994年12月28日	2005年12月20日
19	氨基乙酸（甘氨酸）	Glycine	反倾销	1995年3月29日	2005年11月15日

续表

序号	产品中文名称	产品英文名称	措施类别	税令公布日期	税令更新日期
20	纯镁	Pure magnesium (ingot)	反倾销	1995年5月12日	2006年7月10日
21	糠醇	Furfuryl alcohol	反倾销	1995年6月21日	2006年10月6日
22	过硫酸盐	Persulfates	反倾销	1997年7月7日	2008年4月21日
23	淡水小龙虾尾肉	Crawfish tail meat	反倾销	1997年9月15日	2008年12月11日
24	碳钢板	Carbon steel plate	反倾销	1997年10月24日	2009年10月11日
25	盐渍蘑菇	Preserved mushrooms	反倾销	1999年2月19日	2010年4月28日
26	非冷冻浓缩苹果汁	Non – frozen apple juice concentrate	反倾销	2000年6月5日	2005年11月2日
27	钢筋	Steel concrete reinforcing bar	反倾销	2001年9月7日	2007年8月9日
28	铸造焦炭	Foundry coke	反倾销	2001年9月17日	2007年1月10日
29	颗粒状纯镁	Pure magnesium (granular)	反倾销	2001年11月19日	2007年3月26日
30	热轧碳钢板	Hot – rolled carbon steel flat products	反倾销	2001年11月29日	2007年12月27日
31	蜂蜜	Honey	反倾销	2001年12月10日	2007年8月2日
32	折叠礼品盒	Folding gift boxes	反倾销	2002年1月8日	2007年5月18日
33	折叠金属桌椅	Folding metal tables and chairs	反倾销	2002年6月27日	2007年11月6日
34	铁钒合金	Ferrovanadium	反倾销	2003年1月28日	2008年12月19日
35	无可锻性铸铁管件	Non – malleable cast iron pipe fittings	反倾销	2003年4月7日	2008年8月15日
36	糖精钠	Saccharin	反倾销	2003年7月9日	2009年6月8日
37	聚乙烯醇	Polyvinyl alcohol	反倾销	2003年10月1日	2009年4月13日
38	碳酸钡	Barium carbonate	反倾销	2003年10月1日	—

续表

序号	产品中文名称	产品英文名称	措施类别	税令公布日期	税令更新日期
39	棕刚玉	Refined brown aluminum oxide	反倾销	2003 年 11 月 19 日	2009 年 3 月 13 日
40	可锻性玛钢管件	Malleable iron pipe fittings	反倾销	2003 年 12 月 12 日	2009 年 4 月 22 日
41	彩色电视机	Color television receivers	反倾销	2004 年 6 月 3 日	—
42	四氢糠醇	Tetrahydrofurfuryl alcohol	反倾销	2004 年 8 月 6 日	—
43	金属台面烫衣板	Ironing tables	反倾销	2004 年 8 月 6 日	—
44	聚乙烯零售包装袋	Polyethylene retail carrier bags	反倾销	2004 年 8 月 9 日	—
45	手推车	Hand trucks	反倾销	2004 年 12 月 2 日	2010 年 4 月 28 日
46	咔唑紫颜料	Carbazole Violet Pigment	反倾销	2004 年 12 月 29 日	—
47	木制卧室家具	Wooden bedroom furniture	反倾销	2005 年 1 月 4 日	—
48	皱纹纸	Crepe paper	反倾销	2005 年 1 月 25 日	—
49	冷冻暖水虾	Frozen warm - water shrimp and prawns	反倾销	2005 年 2 月 1 日	—
50	薄页纸	Tissue paper	反倾销	2005 年 3 月 30 日	—
51	镁金属	Magnesium	反倾销	2005 年 4 月 15 日	—
52	氯代异氰（三氯异氰尿酸）	Chlorinated Isocyanurates	反倾销	2005 年 6 月 24 日	—
53	画布	Certain artist canvas	反倾销	2006 年 6 月 1 日	—
54	文具纸	Certain lined paper	反倾销	2006 年 9 月 28 日	—

续表

序号	产品中文名称	产品英文名称	措施类别	税令公布日期	税令更新日期
55	活性碳	Certain activated carbon	反倾销	2007 年 4 月 27 日	—
56	聚酯纤维	Certain polyester staple fiber	反倾销	2007 年 6 月 1 日	—
57	六偏磷酸钠	Sodium Hexametaphosphate	反倾销	2008 年 3 月 19 日	—
58	圆形焊接碳钢管件	Circular welded carbon quality steel pipe	反倾销	2008 年 7 月 22 日	—
59	圆形焊接碳钢管件	Circular welded carbon quality steel pipe	反补贴	2008 年 7 月 22 日	—
60	钢钉	Steel nails	反倾销	2008 年 8 月 1 日	—
61	薄壁矩形钢管	Light - walled rectangular pipe and tube	反倾销	2008 年 8 月 5 日	—
62	薄壁矩形钢管	Light - walled rectangular pipe and tube	反补贴	2008 年 8 月 5 日	—
63	复合编织袋	Laminated woven sacks	反倾销	2008 年 8 月 7 日	—
64	复合编织袋	Laminated woven sacks	反补贴	2008 年 8 月 7 日	—
65	亚硝酸钠	Sodium nitrite	反倾销	2008 年 8 月 27 日	—
66	亚硝酸钠	Sodium nitrite	反补贴	2008 年 8 月 27 日	—
67	非公路用轮胎	New Pneumatic Off - the - Road Tires	反倾销	2008 年 9 月 4 日	—
68	非公路用轮胎	New Pneumatic Off - the - Road Tires	反补贴	2008 年 9 月 4 日	—
69	未加工橡胶磁铁	Raw flexible magnets	反倾销	2008 年 9 月 17 日	—

续表

序号	产品中文名称	产品英文名称	措施类别	税令公布日期	税令更新日期
70	未加工橡胶磁铁	Raw flexible magnets	反补贴	2008 年 9 月 17 日	—
71	钢丝衣架	Steel wire garment hangers	反倾销	2008 年 10 月 6 日	—
72	电解二氧化锰	Electrolytic manganese dioxide	反倾销	2008 年 10 月 7 日	—
73	聚对苯二甲酸乙二酯膜、片和条	Polyethylene terephthalate film, sheet and strip	反倾销	2008 年 11 月 10 日	—
74	低克重热敏纸	Lightweight thermal paper	反倾销	2008 年 11 月 24 日	—
75	低克重热敏纸	Lightweight thermal paper	反补贴	2008 年 11 月 24 日	—
76	非封闭内置弹簧部件	Uncovered innerspring units	反倾销	2009 年 2 月 19 日	—
77	环形焊接碳钢管线管	Circular welded carbon quality steel line pipe	反补贴	2009 年 1 月 23 日	—
78	小直径石墨电极	Small diameter graphite electrodes	反倾销	2009 年 2 月 26 日	—
79	环形焊接压力管	Circular welded austenitic stainless pressure pipe	反倾销	2009 年 3 月 17 日	—
80	环形焊接压力管	Circular welded austenitic stainless pressure pipe	反补贴	2009 年 3 月 19 日	—
81	钢制螺杆	Steel threaded rod	反倾销	2009 年 4 月 14 日	—
82	羟基亚乙基二膦酸	HEDP	反倾销	2009 年 4 月 28 日	—

续表

序号	产品中文名称	产品英文名称	措施类别	税令公布日期	税令更新日期
83	空调用截止阀	Frontseating service valves	反倾销	2009年4月28日	—
84	环形焊接碳钢管线管	Circular welded carbon quality steel line pipe	反倾销	2009年5月13日	—
85	柠檬酸和柠檬酸盐	Citric acid and certain citric salts	反倾销	2009年5月29日	—
86	柠檬酸和柠檬酸盐	Citric acid and certain citric salts	反补贴	2009年5月29日	—
87	后拖式草地维护设备	Tow Behind Lawn Groomer	反倾销	2009年8月3日	—
88	后拖式草地维护设备	Tow Behind Lawn Groomer	反补贴	2009年8月3日	—
89	厨房用搁板和网架	Kitchen Appliance Shelving and Racks	反倾销	2009年9月14日	—
90	厨房用搁板和网架	Kitchen Appliance Shelving and Racks	反补贴	2009年9月14日	—
91	乘用车和轻型卡车轮胎	Certain passenger vehicle & light truck tires	特保	2009年9月26日	
92	油井管	Oil Country Tubular Goods	反补贴	2010年1月15日	—
93	钢绞线	PC Strand	反倾销	2010年5月17日	
94	钢绞线	PC Strand	反补贴	2010年5月17日	
95	油井管	Oil Country Tubular Goods	反倾销	2010年5月24日	
96	磷酸盐	Potassium Phosphate Salts	反倾销	2010年5月25日	

续表

序号	产品中文名称	产品英文名称	措施类别	税令公布日期	税令更新日期
97	磷酸盐	Potassium Phosphate Salts	反补贴	2010年5月25日	
98	钢格栅板	Steel Grating	反倾销	2010年6月1日	
99	钢格栅板	Steel Grating	反补贴	2010年6月1日	
100	窄幅织带	Narrow Woven Ribbons with Woven Selvedge	反倾销	2010年6月13日	
101	窄幅织带	Narrow Woven Ribbons with Woven Selvedge	反补贴	2010年6月13日	
102	机织电热毯	Woven electric blankets	反倾销	2010年6月28日	
103	镁碳砖	Magnesia Carbon Bricks	反倾销	2010年7月27日	
104	镁碳砖	Magnesia Carbon Bricks	反补贴	2010年7月27日	

数据来源：根据中国国家统计局网站上数据整理得到。

表4-4　　2001—2010年美国对华贸易救济措施数

（更新至2010年7月）

年份	2001	2002	2003	2004	2005	2006	2007	2008	2009	2010
次数	5	2	7	6	6	2	2	19	15	13

数据来源：根据中国国家统计局网站上数据整理得到。

第三节

压人民币升值

2005年以来，美国出于阻碍中国经济和平崛起的用心，一而再，再而三地要求人民币兑美元大幅升值。特别是2008年全球经济危机以来，美国以人民币对美元汇率被严重低估、中国人为操纵汇率使美国制造业流失大量就业岗位，由此影响了美国经济复苏为理由，一再要求人民币升值。奥巴马于2010年9月20日在接受美国财经电视台“CNBC”采访时说，人民币币值被低估，“不符合市场实际情况并让中国在双边贸易中获得竞争优势。”“我们对中国表示，鉴于中国经济增长、民众变富、出口增加，中国应该让人民币升值，根据市场情况作出调整”，“他们在理论上认同，但在实际操作方面并未尽全力。”并称美国将先于世界贸易组织对中国采取更多制裁举措。2010年9月29日，美国国会众议院投票通过《汇率改革促进公平贸易法案》。法案要求，政府基于特定要求，对某一向美国出口国家的货币对美元汇率在18个月内是否从根本上被低估作出判定；政府相关部门在作出肯定性终裁的情况下，为抵消汇率“偏离”，对相关国家输美商品征收反补贴或反倾销税。这就为美国对中国商品实施贸易保护措施设立了法律基础。

在美国政府的压力下，人民币连续升值，2005年人民币兑美元汇率为8.1936，2006年人民币兑美元汇率为7.9723，以2005年为基期升值了2.7%；2007年人民币兑美元汇率为7.6058，以2005年为基期升值了7.2%；2008年人民币兑美元汇率为6.9477，以2005年为基期升值了15.2%；2009年人民币兑美元汇率为6.8307，以2005年为基期升值了16.6%。2010年9月18日，中国人民银行公布的人民币对美元汇率中间价为6.7172。人民币对美元自2010年6月19日重启汇率改革以来已升值了1.6%，而相对2005年汇率改革以来的升值幅度已经达到了23.2%（表4-5）。但无论人民币兑美元怎样升值，美国都说不到位，并以此为理由制定、通过了各种法令限制中国对美国出口和进口，想以此阻碍中国经济的快速发展，遏制中国的崛起。

表4-5　2000—2010年人民币汇率（兑美元）变动一览表

年份	人民币兑美元汇率	升值率	以2005年为基期的升值率
2000	8.2784	-0.001%	
2001	8.277	0.017%	
2002	8.2771	-0.001%	
2003	8.2772	-0.001%	
2004	8.2768	0.005%	
2005	8.1936	1.005%	
2006	7.9723	2.701%	2.7%
2007	7.6058	4.597%	7.2%
2008	6.9477	8.653%	15.2%
2009	6.8307	1.684%	16.6%
2010	6.7050	1.840%	18.2%

注：2010年数据截至9月22日。

资料来源：1. 美国2010年总统经济报告。

2. 2010年中国国家外汇管理局数据库。

第四节

新贸易壁垒

有别于传统的贸易保护主义，美国对华的新贸易保护主义还包括了一系列新的贸易壁垒。美国利用其经济优势和技术优势，对华设置了知识产权壁垒、绿色壁垒、技术贸易壁垒等种类繁多的非关税贸易壁垒，其根本目的就是为了削弱中国产品的国际竞争力，提高其进口准入门槛，限制中国产品的进入。和传统的贸易保护措施相比，这些新贸易壁垒的形式更隐蔽，条件更苛刻，应对更困难，对中国的危害也更大。

一、知识产权壁垒

知识产权是指人类智力劳动产生的智力劳动成果的所有权。它是依照各国法律赋予符合条件的著作者、发明者或成果拥有者在一定期限内享有的独占权利，主要包括版权和工业产权。版权是指著作权拥有者对其文学作品享有的署名、发表、使用以及许可他人使用和获得报酬等的权利。工业产权是指包括发明专利、实用新型专利、外观设计专利、商标、服务标记、厂商名称、货源名称或原产地名称等的独占权利。随着经济的发展，知识产权保护在国际贸易中的地位和重要性日益突出。知识产权与货物贸易、服务贸易已经成为世界贸易组织的三大支柱。按照世贸组织的规定，世贸组织任何成员国或地区若知识产权保护不力，将会受到贸易方面的交叉报复。

美国一直以来对知识产权的保护极为重视，建立在“337 条款”基础上的知识产权保护壁垒是美国用来保护本国相关产业和打击国外企业的常用手段。“337 条款”的规定非常严格，一旦最终裁定外国企业存在侵权行为，美国政府可以禁止外国企业相关产品对美国的出口。多年来，中美基于“337 条款”的知识产权贸易摩擦持续不断。1972—1995 年期间，美国对华发起的“337 条款”调查较少，只有 3 件；但 1996 年至今，中国已经成为美国“337 条款”重点调查对象，调查涉及的行业集中于高技术含量、高附加值和在美国市场所占份额逐步扩大的高端产业，如电子、化学、轻工、机械、汽车和皮革等行业。特别是近十年来，美国对中国出口发起的“337 调查”案件数量逐年增加，中国已连续 6 年位居“337 调查”涉案国家（地区）的首位。仅在 2010 年前 10 个月，就已有 16 起“337 调查”涉及了中国的出口企业。“337 调查”由于应对时间短、耗费人力物力巨大，每个应诉企业的费用要以千万美元计，而且多是针对中小型企业，这给我国企业造成了很大的损失。

二、技术性贸易壁垒

技术性贸易壁垒是非关税壁垒的一种，是通过颁布法律、法规，建立技术标准、认证制度、检验制度等方式，对外国进口商品制定过分严格的技术标准、卫生标准、商品包装和标签标准，以提高产品技术要求，增加进口难度，最终达到限制进口的目的。实施技术性贸易壁垒的国家往往以保护人类健康或安全、保护动物、植物的生命或健康、保护生态和环境为借口，使得技术性贸易壁垒具备很大的隐蔽性。技术性贸易壁垒的制定和实施的主动权掌握在各国政府手中，不需要经过任何国际组织的批准。与其他非关税措施相比，它具有操作性强、见效快的优势，因此，它是近些年来技术发达国家经常使用的贸易壁垒。由于我国企业研发能力、创新能力不足，工业技术水平落后于发达国家，因此，多年来，技术性贸易壁垒对我国企业出口限制很大，我国企业因此蒙受了很大的损失。据商务部统计，近年来欧、美、日技术性贸易壁垒对我国出口造成的损失约占总损失的95%，其中欧盟所占份额为41%，日本和美国分别占30%、24%。中国国家质检总局2008年12月公布的调查结果显示，2007年国外技术性贸易保护措施令中国出口企业损失近500亿美元，比2006年增加135.39亿美元，占同期出口额的4.06%。而且技术性贸易壁垒已经扩展到金融、信息等服务贸易及环境保护等多个领域，技术性贸易壁垒将是未来贸易保护措施的主要手段。

三、绿色壁垒

绿色壁垒是绿色贸易壁垒的简称，也叫环境壁垒，是指在国际贸易中一些国家以保护生态资源、生物多样性、环境和人类健康为借口，设置的一系列苛刻的高于国际公认或绝大多数国家不能接受的环保法规和标准，其目的是对外国商品进口采取准入限制或禁止进口。与传统的非关税壁垒措施相比，绿色保护壁垒具有更多的隐蔽性。它不像配额和许可证管理措施那样，明显地带有分配上的不合理性和歧视性，不容易引起贸易摩擦。而且建立在现代科学技术基础之上的各种检验标准不仅极为严格，而且繁琐复杂，使出口国难以应付和适应。随着全球生态环境问题的日益严重，环境与贸易的冲突也越来越激烈，绿色壁垒已经成为了发达国家以保护环境为名限制发展中国家进出口贸易的一种工具。例如在1999年，在全球4917种产品中，受绿色壁垒影响的有3746种产品，他们的贸易额达47320亿美元，占1999年世界进口额的88%，其中直接受影响的达6790亿美元，占13%。全球共计有137个进口国采用了绿色壁垒措施。据欧盟环保机构的一项调查显示，仅1998年，欧盟国家禁止进口的“非绿色产品”价值就达300亿美元，其中90%来自于发展中国家。绿色贸易制度以保护国内消费者利益和维护国内生态环境为理由，迎合了消费者对环境的要求，以其外表的合理性及内在的隐蔽性成为发达国家广泛采用的一种贸易壁垒。

美国的绿色壁垒体系覆盖范围广，法规体系复杂，条件苛刻，执法体系严格。美国已成为中国出口产品遭遇绿色贸易壁垒的最主要国家。在中国受绿色壁垒限制的农产品出口企业中有27%是受到美国限制的。例如，美国在1999年和2000年对中国苹果汁进行了反倾销调查，当该项措施难以有效限制进口时，又提出了108种农药残留含量的限制要求。2002年1—3月，美国食品药物管理局扣留进口药品共12025批次，其中中国药品为1140批次，占同期被扣产品总批量的9.48%，居受阻国家和地区的首位。中国沿海地区被美国食品药物管理局扣留的产品累计高达896批次，占中国被扣产品总量的78.60%。

总之，美国对华施行的各种贸易保护措施的直接目的就是要限制对中国高科技产品的出口，削弱中国产品的国际竞争力，进而阻碍中国产品的进口。其根本目的就是为了延缓中国经济的发展，遏制中国的崛起。但这些贸易措施在危害中国经济的同时也损害了美国自身的利益。笔者将在下章对此进行论述。

第五章

美国对华新贸易保护主义对美国的危害

贸易保护是一把双刃剑，美国为了遏制中国崛起而发起的对华贸易保护主义给中美两国经济发展都造成了伤害，其结果是两败俱伤。在本章，我们将从理论分析和实证检验两个方面证明美国实行的保护主义对美国的危害。给美国带来伤害的不是中美贸易失衡，而是美国对中国的出口限制和阻碍中国产品的进口。限制对中国的进出口既阻碍了美国经济的发展，也损害了美国消费者的利益，造成了美国工业的空心化，增加了美国工人的失业率。

第一节

限制向中国出口造成美国工业空洞化

美国所实行的新保护主义的特点之一就是不仅限制从中国进口，而且还限制向中国出口，以图阻碍中国经济的崛起。这种限制对中国出口的保护主义政策对美国的危害更大，造成了美国工业空洞、出口乏力、本国失业率的增加。

一、恩格斯对出口限制的批判

上一章我们分析了美国对中国的高科技产品的出口限制措施。但美国的这种出口限制政策并不是美国发明的，当年的英国也曾经对美国施行过这种贸易保护措施。恩格斯曾经对其进行了批判。

恩格斯在马克思《资本论》第三卷第六章特别注释说："由于一切文明国家，特别是美国和德国的工业的迅速发展，世界市场上的竞争大大加剧了。迅速而巨大地膨胀起来的现代生产力，一天比一天厉害地超出了它们应当在其中运动的资本主义商品交换规律的范围——这个事实，资本家本人今天也越来超强烈地意识到了。这一点特别表现在下述两种征兆中。第一，普遍实行保护关税的新狂热。这种保护关税和旧的保护关税制度的区别特别表现在：它保护得最多的恰好是可供出口的物品[①]。”恩格斯的上述论断是针对当年的英国所说的。恩格斯说，“英国工业在自由市场中仍然无疑占着优势的唯一的一个部门的中心。但是问题在于，甚至在这个部门中，发明创造的天才也已从英国转移到美国去了。棉纺织工业的纺纱机和织布机方面的最新改进几乎全部都出自美国，而曼彻斯特不得不只是加以采用。在各种工业发明方面，美国已经肯定地起着主导作用，而德国正在同英国争夺第二位。英国越来越认识到，它的工业垄断地位是一去不复返地丧失了，和其他各国相比，它正在不断丧失地盘，而它的竞争者却正在取得进展，它将落到只得满足于作为许多工业国之一的地位，而不再像过去梦想的那样，要成为‘世界工厂’。为了躲开这种迫在眉睫的命运，那些在四十年前认为唯有自由贸易才是救星的人的儿子们，现在却如此狂热地呼吁实行用‘诚实的贸易’和惩罚性税率等要求拙劣地掩盖起来的保护关税制度。当英国工业家开始认为自由贸易会使他们破产，并要求政府保护他们对付外国人竞争的时候，这些竞争者抛弃今后毫无用处的保护关税制度并且用英国自己的武器——自由贸易去摧毁日益软弱的英国工业垄断地位的关头也就来到了”。[②] 当时的英国是世界上最强大的国家，但也面对美国和德国的崛起和挑战。英国为了限制美国和德国这两个后起之秀经济实力的快速增长，采取了对美国和德国的出口限制性的保护关税制度。但适得其反，不但没有限制住他们的发展，反而加速了他们的发展。历史的发展有惊人的相似之处，当年的英国由世界工厂，沦为二流国家，今天的美国也由出口额世界第

① 马克思：《资本论》（第3卷），人民出版社2002年版，第137页。
② 《马克思恩格斯全集》（第21卷），人民出版社1965年版，第428—429页。

一转为出口额世界第二；当年的英国由第一转为第二时，就开始放弃自由贸易，转而实行保护主义了。今天的美国也是如此；当年英国实行保护主义时，其他国家捡起自由贸易的旗号对付英国，今天中国则在各种国际场合呼吁实行自由贸易，反对美国实行保护主义。

现在，世人都说美国实行新保护主义，按照恩格斯的理论，美国的新保护主义，“新”不是新在美国对从中国的进口进行限制，而是新在美国对美国企业向中国出口也进行了严格的限制。今天的美国居然也效仿起当年的英国了，对正在和平崛起的中国进行着双重限制，既限制其对中国一些产品的进口，又限制其某些产品，特别是高科技产品对中国的出口。这就证明了恩格斯论断的远见性和正确性。当年英国的这种损人不利己的保护政策未能挽救其衰落的命运，如今的美国也正深受其害。

二、美国工业空洞化

“搬起石头砸自己的脚”这是中国人形容某些蠢人的一句俗语。但这句话也同样适用于美国。美国政府限制对中国出口的政策，并不会阻碍中国经济的崛起，反而损害了其自身制造业的发展，造成了美国工业空洞化，导致美国的失业率不断攀升（表 5－1）。

表 5－1　各国制造业占比　单位：10 亿本币

	项目	2000 年	2001 年	2002 年	2003 年	2004 年	2005 年	2006 年	2007 年	2008 年	2009 年
美国	GDP	9817.0	10128.0	10469.6	10960.8	11685.9	12421.9	13178.4	13807.5	14264.6	—
	制造业产值	1426.2	1341.3	1352.6	1359.3	1427.9	1480.6	1577.4	1616.8	1637.7	—
	制造业占比（%）	14.5	13.2	12.9	12.4	12.2	11.9	12.0	11.7	11.5	—
日本	GDP	502989.9	497719.7	491312.2	490294.0	498328.4	501734.3	507364.7	515520.4	505112.9	—
	制造业产值	111439.4	104083.8	101271.5	102756.6	105410.1	107876.5	107765.5	109089.6	100279.3	—
	制造业占比（%）	22.2	20.9	20.6	21.0	21.2	21.5	21.2	21.2	19.9	—
韩国	GDP	603236.0	651415.3	720539.0	767113.7	826892.7	865240.9	908743.8	975013.0	1026451.8	1063059.1
	制造业产值	152176.8	153952.2	167192.2	175923.5	205825.9	213646.2	220940.1	238610.9	256209.4	265783.0
	制造业占比（%）	25.2	23.6	23.2	22.9	24.9	24.7	24.3	24.5	25.0	25.0

续表

	项目	2000 年	2001 年	2002 年	2003 年	2004 年	2005 年	2006 年	2007 年	2008 年	2009 年
印度	GDP	19250.2	20977.3	22614.1	25381.7	29676.0	34023.2	39418.7	45409.9	52286.5	58683.3
	制造业产值	3003.9	3153.1	3460.3	3885.5	4532.3	5221.5	6343.0	7310.8	8140.3	9311.0
	制造业占比（%）	15.6	15.0	15.3	15.3	15.3	15.3	16.1	16.1	15.6	15.9
中国	GDP	9921.5	10965.5	12033.3	13582.3	15987.8	18493.7	21631.4	26581.0	31404.5	34050.7
	制造业产值	4003.4	4358.1	4743.1	5494.6	6521.0	7723.1	9131.1	11053.5	13026.0	15763.9
	制造业占比（%）	40.4	39.7	39.4	40.5	40.8	41.8	42.2	41.6	41.5	46.3

资料来源：1. 2010 年美国总统经济报告。

2. 2010 年亚洲发展银行亚洲和太平洋地区的关键指标。

20世纪90年代以来，经济全球化的趋势越来越明显，生产跨国化，贸易自由化和货币一体化的趋势不断加强。在此之前，发达国家生产并出口制成品尤其是资本和技术密集型制成品；发展中国家生产并出口原材料、能源等初级产品。但随着科学技术的快速发展，尤其是信息技术的发展，产品优势转化为企业优势；高产量优势转化为高质量优势；静态比较优势转化为动态比较优势；科技优势转化为人才优势。国际贸易在一定程度上表现为了企业内部的贸易。在这种情况下，大量制造业从最发达的国家转移到了中等发达国家，再进一步转移到了新兴发展中国家。美国作为世界上最发达的国家占尽了这些优势，不仅一些劳动密集型制造业，如纺织业、服装业、制鞋业、玩具业等，转移到了其他国家。而且一些资本和技术密集型的制造业，如钢铁业、汽车业、石化产业、电子产品和家电制造业等，也正逐步向国外转移。产业结构发生了很大变化，制造业在国民经济生活中地位下降，制造业的产值在GDP中的比重持续下降。

表5-1指出，2000年美国的GDP为98170亿美元，制造业产值为142646亿美元，相当于GDP的11.5%；2008年美国的GDP为142646亿美元，制造业产值为142646亿美元，相当于GDP的11.5%；2000年日本的GDP为5029899亿日元，制造业产值为1114394亿日元；相当于GDP的22.2%；2008年日本的GDP为5051129亿日元，制造业产值为1002793亿日元；相当于GDP的19.9%；2000年韩国的GDP为6032360亿韩元，制造业产值为1521768亿韩元，相当于GDP的25.2%；2008年韩国的GDP为10264518亿韩元，制造业产值为2562094亿韩元，相当于GDP的25.0%；2000年印度的GDP为192502亿元卢比，制造业产值为30039卢比，相当于

GDP的15.6%，2008年印度的GDP为522865卢比，制造业产值为81403卢比，相当于GDP的15.6%；2000年中国的GDP为99215亿元人民币，GDP为制造业产值为40034亿元人民币，相当于GDP的40.4%，2008年中国的GDP为314045亿元人民币，GDP为制造业产值为130260亿元人民币，相当于GDP的41.5%。在这几个比较典型的国家中，美国制造业产值在GDP中所占的比重最低，仅为11.5%，中国制造业产值在GDP中所占的比重最高，达到41.5%。表5-1还指出，2000年美国的制造业产值为GDP的14.5%，2008年下降到11.5%；日本的制造业产值为GDP 22.2%，2008年下降到19.9%。而韩国和中国制造业的产值占GDP比例基本上没变。

产业结构的变化必然引起贸易结构的变化。表5-2指出，2000年，美国的服务贸易出口额和货物贸易额在总出口额中所占的比重分别为26%和74%，到2009年服务贸易额所占的比重升为30%，货物贸易额所占的比重降为70%；从2000年到2009年，美国服务贸易出口比重增大是因为美国制造业在GDP中的比重下降造成的。2000年，日本的服务贸易出口额、货物贸易出口额在总出口额的比重分别为13%和85%，到2009年服务贸易额所占的比重升为18%，货物贸易额所占的比重降为82%。日本同美国一样是发达国家，其服务贸易出口比重上升，也是因为日本制造业在GDP中的比重下降造成的。2000年，中国的服务贸易出口额、货物贸易出口额在总出口额的比重分别为10.7%和89.2%，到2009年服务贸易出口额所占比重降为9.7%，货物贸易出口额所占的比重升为90%。在这10年中，中国的服务业和制造业的产值在GDP中的比重没有多大变化，所以，中国的服务出口和货物出口的结构也没有发生多大变化。2000年，韩国的服务贸易出口额和货物贸易出口额在总出口额的比重分别为15%和85%，到2009年服务贸易额所占比重降为13%，货物贸易额所占的比重升为87%。韩国的服务贸易出口额比重有所下降也与韩国服务和制造业的生产结构变化不大有关。

随着科技的进步，社会福利的提高，第三产业特别是服务行业的发展和扩大是必然的。但是不管第三产业或服务业如何发展和扩大，都必须以第二产业特别是以制造业为基础。这一点对美国和中国这样的大国尤为重要。近代经济发展史说明，贸易和工业名副其实地成为劳动的库存。这种库存，在国泰民安之世，旨在满足个人的安逸和舒适；一旦国家出现紧急情况，也可以部分地转化为全社会之急需。对于中美这样的大国，工业必须大规模经营，才能不断更新技术，才能不断增加产量，才能不断扩大出口，才能不断创造就业机会，扩大就业量。所以工业制造业愈是发达，生产出来的用于交换的剩余产品愈多，国家的财富越多，国家的经济实力越强大。反过来也可以说，若一个国家工业制造业不发展、不扩大甚至萎缩，仅致力于发展科学研究，发展服务行业，那么长期下去，出现制造业空洞化，科学技术和服务行业也就失去了基础，成为无源之水、无本之木。

恩格斯于1847年撰写的“德国的制宪问题”的文章中指出：“德国资产阶级的主要部分是工厂主。整个国内贸易、汉堡和不莱梅以及斯德丁一部分的海上贸易的繁荣、银行业的繁荣，都依赖于工业的繁荣。铁路收入依靠它，因而交易所的生意也有一大部分依靠它。”[1] 恩格斯这段话，对当年的德国有效，对当年的英国、法国和美国

---

① 《马克思恩格斯全集》（第4卷），人民出版社1958年版，第60页。

表 5 – 2 各国货物、服务贸易进出口额及占比

单位：百万美元

	项目	2000 年	2001 年	2002 年	2003 年	2004 年	2005 年	2006 年	2007 年	2008 年	2009 年
中国	货物贸易出口额	249203	266098	325596	438228	593326	761953	968978	1220060	1430693	1201534
	货物贸易进口额	225094	243553	295170	412760	561229	659953	791461	956115	1132567	1005688
	货物进出口总额	474297	509651	620766	850988	1154555	1421906	1760439	2176175	2563260	2207222
	服务贸易出口额	30146	32901	39381	46375	62056	73909	91421	121654	146446	128700
	服务贸易进口额	35858	39032	46080	54852	71602	83173	100327	129254	158004	157500
	服务进出口总额	66004	71933	85461	101227	133658	157082	191748	250908	304450	286200
	总出口额	279349	298999	364977	484603	655382	835862	1060399	1341714	1577139	1330234
	服务贸易占比（%）	0. 10792	0. 11004	0. 1079	0. 0957	0. 09469	0. 08842	0. 08621	0. 09067	0. 09286	0. 09675
	货物贸易占比（%）	0. 89208	0. 88996	0. 8921	0. 9043	0. 90531	0. 91158	0. 91379	0. 90933	0. 90714	0. 90325
	总进口额	260952	282585	341250	467612	632831	743126	891788	1085369	1290571	1163188
	服务贸易占比（%）	0. 13741	0. 13812	0. 13503	0. 1173	0. 11315	0. 11192	0. 1125	0. 11909	0. 12243	0. 1354
	货物贸易占比（%）	0. 86259	0. 86188	0. 86497	0. 8827	0. 88685	0. 88808	0. 8875	0. 88091	0. 87757	0. 8646
	总进出口额	540301	581584	706227	952215	1288213	1578988	1952187	2427083	2867710	2493422
	服务贸易占比（%）	0. 12216	0. 12368	0. 12101	0. 10631	0. 10375	0. 09948	0. 09822	0. 10338	0. 10616	0. 11478
	货物贸易占比（%）	0. 87784	0. 87632	0. 87899	0. 89369	0. 89625	0. 90052	0. 90178	0. 89662	0. 89384	0. 88522

续表

	项目	2000 年	2001 年	2002 年	2003 年	2004 年	2005 年	2006 年	2007 年	2008 年	2009 年
印度	货物贸易出口额	42379	43361	49250	58963	76649	99616	121808	150159	194828	155249
	货物贸易进口额	51523	50392	56517	72558	99775	142870	178410	229371	321031	243636
	货物进出口总额	93902	93753	105767	131521	176424	242486	300218	379530	515859	398885
	服务贸易出口额	16031	16799	19125	23633	37931	52199	69456	86648	102562	86255
	服务贸易进口额	18949	19858	20841	24779	35455	47025	58345	70338	88394	74387
	服务进出口总额	34980	36657	39966	48412	73386	99224	127801	156986	190956	160642
	总出口额	58410	60160	68375	82596	114580	151815	191264	236807	297390	241504
	服务贸易占比（%）	0. 27446	0. 27924	0. 27971	0. 28613	0. 33104	0. 34383	0. 36314	0. 3659	0. 34487	0. 35716
	总出口额	58410	60160	68375	82596	114580	151815	191264	236807	297390	241504
	服务贸易占比（%）	0. 27446	0. 27924	0. 27971	0. 28613	0. 33104	0. 34383	0. 36314	0. 3659	0. 34487	0. 35716
	货物贸易占比（%）	0. 72554	0. 72076	0. 72029	0. 71387	0. 66896	0. 65617	0. 63686	0. 6341	0. 65513	0. 64284
	总进口额	70472	70250	77358	97337	135230	189895	236755	299709	409425	318023
	服务贸易占比（%）	0. 26889	0. 28268	0. 26941	0. 25457	0. 26218	0. 24764	0. 24644	0. 23469	0. 2159	0. 2339
	货物贸易占比（%）	0. 73111	0. 71732	0. 73059	0. 74543	0. 73782	0. 75236	0. 75356	0. 76531	0. 7841	0. 7661
	总进出口额	128882	130410	145733	179933	249810	341710	428019	536516	706815	559527
	服务贸易占比（%）	0. 27141	0. 28109	0. 27424	0. 26906	0. 29377	0. 29037	0. 29859	0. 2926	0. 27016	0. 2871
	货物贸易占比（%）	0. 72859	0. 71891	0. 72576	0. 73094	0. 70623	0. 70963	0. 70141	0. 7074	0. 72984	0. 7129

续表

	项目	2000 年	2001 年	2002 年	2003 年	2004 年	2005 年	2006 年	2007 年	2008 年	2009 年
日本	货物贸易出口额	479249	403496	416726	471817	565675	594941	646725	714327	782047	580845
	货物贸易进口额	379511	349089	337194	382930	454542	515866	579064	622243	762534	550679
	货物进出口总额	858760	752585	753920	854747	1020217	1110807	1225789	1336570	1544581	1131524
	服务贸易出口额	69430	64769	66054	71784	89668	102071	115140	127060	146514	124315
	服务贸易进口额	105230	98762	97865	99906	119925	122369	133900	148685	163270	145658
	服务进出口总额	174660	163531	163919	171690	209593	224440	249040	275745	309784	269973
	总出口额	548679	468265	482780	543601	655343	697012	761865	841387	928561	705160
	服务贸易占比（%）	0. 12654	0. 13832	0. 13682	0. 13205	0. 13683	0. 14644	0. 15113	0. 15101	0. 15779	0. 17629
	货物贸易占比（%）	0. 87346	0. 86168	0. 86318	0. 86795	0. 86317	0. 85356	0. 84887	0. 84899	0. 84221	0. 82371
	总进口额	484741	447851	435059	482836	574467	638235	712964	770928	925804	696337
	服务贸易占比（%）	0. 21709	0. 22052	0. 22495	0. 20691	0. 20876	0. 19173	0. 18781	0. 19286	0. 17635	0. 20918
	货物贸易占比（%）	0. 78291	0. 77948	0. 77505	0. 79309	0. 79124	0. 80827	0. 81219	0. 80714	0. 82365	0. 79082
	总进出口额	1033420	916116	917839	1026437	1229810	1335247	1474829	1612315	1854365	1401497
	服务贸易占比（%）	0. 16901	0. 1785	0. 17859	0. 16727	0. 17043	0. 16809	0. 16886	0. 17102	0. 16706	0. 19263
	货物贸易占比（%）	0. 83099	0. 8215	0. 82141	0. 83273	0. 82957	0. 83191	0. 83114	0. 82898	0. 83294	0. 80737

续表

	项目	2000年	2001年	2002年	2003年	2004年	2005年	2006年	2007年	2008年	2009年
韩国	货物贸易出口额	172267	150439	162471	193817	253845	284419	325465	371489	422007	363534
	货物贸易进口额	160481	141098	152126	178827	224463	261238	309383	356846	435275	323085
	货物进出口总额	332748	291537	314597	372644	478308	545657	634848	728335	857282	686619
	服务贸易出口额	29746	28103	27345	31753	40505	43711	48382	61729	74107	55908
	服务贸易进口额	32957	32473	36132	39928	49373	58055	68023	82108	91768	74149
	服务进出口总额	493229	432635	466723	551471	702771	806895	944231	1085181	1292557	1009704
	总出口额	202013	178542	189816	225570	294350	328130	373847	433218	496114	419442
	服务贸易占比（%）	0.14725	0.1574	0.14406	0.14077	0.13761	0.13321	0.12942	0.14249	0.14937	0.13329
	货物贸易占比（%）	0.85275	0.8426	0.85594	0.85923	0.86239	0.86679	0.87058	0.85751	0.85063	0.86671
	总进口额	193438	173571	188258	218755	273836	319293	377406	438954	527043	397234
	服务贸易占比（%）	0.17038	0.18709	0.19193	0.18252	0.1803	0.18182	0.18024	0.18705	0.17412	0.18666
	货物贸易占比（%）	0.82962	0.81291	0.80807	0.81748	0.8197	0.81818	0.81976	0.81295	0.82588	0.81334
	总进出口额	395451	352113	378074	444325	568186	647423	751253	872172	1023157	816676
	服务贸易占比（%）	0.15856	0.17204	0.1679	0.16133	0.15818	0.15719	0.15495	0.16492	0.16212	0.15925
	货物贸易占比（%）	0.84144	0.82796	0.8321	0.83867	0.84182	0.84281	0.84505	0.83508	0.83788	0.84075

续表

	项目	2000年	2001年	2002年	2003年	2004年	2005年	2006年	2007年	2008年	2009年
	货物贸易出口额	781918	729100	693103	724771	814875	901082	1025967	1148199	1287442	1056895
	货物贸易进口额	1259300	1179180	1200230	1303050	1525680	1732706	1918077	2020403	2169487	1603768
	货物进出口总额	2041218	1908280	1893333	2027821	2340555	2633788	2944044	3168602	3456929	2660663
	服务贸易出口额	278089	266660	273207	284171	330185	362134	404127	470790	518316	470217
	服务贸易进口额	207880	204478	209397	222346	258675	280091	314493	338759	364930	330759
	服务进出口总额	485969	471138	482604	506517	588860	642225	718620	809549	883246	800976
	总出口额	1060007	995760	966310	1008942	1145060	1263216	1430094	1618989	1805758	1527112
	货物贸易出口额	781918	729100	693103	724771	814875	901082	1025967	1148199	1287442	1056895
	货物贸易进口额	1259300	1179180	1200230	1303050	1525680	1732706	1918077	2020403	2169487	1603768
	货物进出口总额	2041218	1908280	1893333	2027821	2340555	2633788	2944044	3168602	3456929	2660663
美国	服务贸易出口额	278089	266660	273207	284171	330185	362134	404127	470790	518316	470217
	服务贸易进口额	207880	204478	209397	222346	258675	280091	314493	338759	364930	330759
	服务进出口总额	485969	471138	482604	506517	588860	642225	718620	809549	883246	800976
	总出口额	1060007	995760	966310	1008942	1145060	1263216	1430094	1618989	1805758	1527112
	服务贸易占比（%）	0. 26235	0. 2678	0. 28273	0. 28165	0. 28836	0. 28668	0. 28259	0. 29079	0. 28704	0. 30791
	货物贸易占比（%）	0. 73765	0. 7322	0. 71727	0. 71835	0. 71164	0. 71332	0. 71741	0. 70921	0. 71296	0. 69209
	总进口额	1467180	1383658	1409627	1525396	1784355	2012797	2232570	2359162	2534417	1934527
	服务贸易占比（%）	0. 14169	0. 14778	0. 14855	0. 14576	0. 14497	0. 13916	0. 14087	0. 14359	0. 14399	0. 17098
	货物贸易占比（%）	0. 85831	0. 85222	0. 85145	0. 85424	0. 85503	0. 86084	0. 85913	0. 85641	0. 85601	0. 82902
	总进出口额	2527187	2379418	2375937	2534338	2929415	3276013	3662664	3978151	4340175	3461639
	服务贸易占比（%）	0. 1923	0. 19801	0. 20312	0. 19986	0. 20102	0. 19604	0. 1962	0. 2035	0. 2035	0. 23139
	货物贸易占比（%）	0. 8077	0. 80199	0. 79688	0. 80014	0. 79898	0. 80396	0. 8038	0. 7965	0. 7965	0. 76861

资料来源：2010 年世界贸易组织数据库。

也是有效的。对当代的美国和其他发达国家，对中国、印度、巴西、俄国、韩国、土耳其、南非、印度尼西亚这些新兴工业国更是有效的。对于这些新兴工业国来说，没有制造业的持续的发展扩大，怎么会有贸易的繁荣，金融业的兴旺，铁路、公路、航空、航海业的高涨呢？美国制造业空洞化，在美国国内生产不出更多的工业制成品，拿什么出口？没有更多的工业品出口，美国的贸易收支不发生逆差，那才是咄咄怪事。美国贸易发生逆差本来是美国贸易政策必然的结果，美国怎么能怪罪于中国呢？

现在，美国似乎越来越认识到，它的工业制造业垄断地位有江河日下之势，和其他各国相比，它正在不断丧失市场，不仅德国、日本，就连中国、印度、巴西、韩国、土耳其、南非等这些新兴工业国也成了它出口工业制成品的竞争对手，它的工业制造业已经出现了空洞化状态，美国要永远成为“世界工厂”的美梦似乎接近了一枕黄粱再现的地步，同时美国制造业的生产和出口又沦为第二流国家的位置。为了防止这种迫在眉睫的厄运的出现，美国的某些政要和议员在昨天还大叫“唯有自由贸易才能促进美国的发展”，今天却如此狂热地呼吁实行用“诚实的贸易”和惩罚性税率对待中国，以求保护美国的生产和就业。

这回美国又错了。美国为了保护自己国家的资源，保护自己国家的环境，把制造业转移到外国。美国是有点顾此失彼了。美国政府可以把工业制造业转移到发展中国家去，但是美国不能把美国的人口转移到发展中国家去。工业制造业转移到新型工业国家去，美国的广大工人队伍到哪去寻找就业机会？仅靠科学研究和服务行业怎能容纳如此众多的工人就业！这就足以说明，美国国内工业凋敝、失业增加，不是从中国进口增加所致，而是美国工业空洞化所造成的，是美国限制向中国出口高科技产品造成的。现在中国有充足的外汇储备，有强大的购买力。只要美国政府放弃新保护主义政策，解除对美国企业向中国出口的限制，中国的巨额购买足以使美国的制造业恢复元气，吸收更多的工人就业，美国的高失业问题就可以得到缓解。如果美国政府仍然一意孤行，继续对中国实行新保护主义政策，限制对中国出口，其不利于中国的发展也不利于美国发展，美国政府应该三思而后行。

这里还要奉劝美国某些政要和议员，你们受重商主义和保护主义的影响太深了。如果你们的狭隘有害的新保护主义政策能获得成功，如果你们想要把中国和所有的与你们竞争的国家永远压制在落后状态、永不发达，那么结果又将如何呢？如果中国和其他别的国家无法向你们美国提供商品，也不能购买你们美国出口的商品，你们美国的商业就会因没有竞争而衰落，没有对手而萎缩，没有威胁而一蹶不振。这样，不需多久，你们美国也就难以成为强大的、领先的美国了。

当今美国人应当温习一下英国古典经济学家大卫·休谟的话，“我直言不讳地承认：不但作为人类的一员，我要为德国、西班牙、意大利甚至法国的商业繁荣而祈祷。至少，我深信：如果英国和所有这些国家的君主和大臣们采取这种高瞻远瞩的仁慈观点和睦相处，英国和所有这些国家就会更加繁荣昌盛”。① 美国政要和议员应该有大卫·休谟的这种高瞻远瞩的仁慈观点，我们中国不敢奢望你们为中国商业繁荣而祈祷，至少希望你们不要奉行新保护主义这种既损人又不利己的错误政策。

① 休谟：《论贸易平衡》，商务印书馆 1997 年版，第 72 页。

第二节 损害美国消费者的利益

美国对中国实行保护主义贸易政策的借口之一就是保护美国消费者的利益。美国的消费者的利益是什么？只有首先弄清这个问题，才能弄清楚美国的保护主义政策到底是损害美国消费者的利益，还是增加了美国消费者的利益。

一、消费者的利益在于物美价廉

进入21世纪以来，随着美国对中国贸易逆差的不断增大，美国政府不从自身找问题、解决问题，为了要减少美中贸易逆差，反而对中国出口到美国的产品加以限制。美国政府这些限制措施的结果只能是让美国的广大消费者不能向售价最低廉的人购买他们所需要的各种物品。这就必然危害美国消费者的利益。美国某些政要和议员们肯定知道，亚当·斯密在他的《国富论》上曾经大声疾呼："在任何国家，人民大众的利益总在于而且必然在于，向售价最廉的人购买他们所需要的各种物品。这个命题是非常明白的；费心思去证明它，倒是一种滑稽的事情。如果没有这班商人和制造业者自私自利的诡辩混淆了人们的常识，这亦不会成为什么问题。在这一点上，这班商人和制造业者的利益与人民大众的利益正相反。像同业组合内自由人的利益在于阻止国内居民雇用其他人而只雇用他们自己一样。这班商人和制造业者的利益，在于自己保有国内市场的独占权。因此，在英国，在欧洲大多数其他国家，对于几乎一切由外国商人输入的商品，都加以异常重税。因此，凡能输入本国，与本国制造品竞争的一切外国制造品，都课以高的关税，或禁止输入。因此，对于贸易差额被认为不利于我国的那些国家，换言之，对民族仇恨异常激烈的国家几乎一切货物的输入加以异常的限制。"① 今天美国的保护贸易政策的直接后果就是使从中国进口商品的价格提高。而人民大众的根本利益就在于用低价去购买他们想购买的商品，高关税提高商品价格受害的就是广大人民群众，怎能说是保护美国消费者的利益呢？

当年，斯密对英、法两国互征高关税的愚蠢做法加以讽刺说："这类关税，在达到一定高度时所造成的祸害，等于土壤贫瘠和天时险恶所造成的祸害。但最普遍征收这类关税的地方，却是最富裕最勤勉的国家。其他国家，都经不起这么大的乱政。只有最强健的身体，才能在不卫生的饮食下生存并处在健康状态，所以，只有各种产业都具有最大固有优点和后来获得优点的国家，才能在这类赋税下存在而繁荣。"② 斯密以如此幽默的笔调告诫英、法两国政要，多亏英、法两国资源丰富，人们勤劳，否则国家会毁在这种愚蠢的关税政策下。今天也是如此，多亏中国人民和美国人民都是勤劳的人民，美、中两国都是经济实力强大的国家，否则，美、中两国都难以承受美国的这种保护主义政策。即便中、美两国都是强大国家，美国实行的保护主义政策，给中、美两国的经济发展造成的不应有

① 亚当·斯密：《国民财富的性质和原因的研究》（下卷），商务印书 1996 年版，第 66 页。

② 亚当·斯密：《国民财富的性质和原因的研究》（下卷），商务印书馆 1996 年版，第 38 页。

的损害还是相当大的。

亚当·斯密当年对英国政要、议员、商人和制造业者所说的话似乎是有意对今天美国政要、议员、商人和制造业者所说的。今天，美国某些政要、议员、商人和制造业者是不是应该自我反省一下，打着保护本国生产者的旗号，标榜扩大本国就业目的，一而再、再而三地对中国向美出口的商品设限，是不是违背了自由贸易的原则，是不是损害了美国广大消费者的利益，使他们不能向售价最廉的中国购买他们所需要的各种物品？造成美国对中国商品需求过度的根本原因，是美国广大消费者喜欢物美价廉的中国商品，这就是美国当代著名经学家萨谬尔森所坚持的“消费者主权”，这种消费者主权应当得到美国政府的尊重。不尊重消费者主权就是不尊重民主，而且也危害美国经济的发展。既然中美贸易失衡问题暂时不能通过减少美国过度需求的方式来解决，那么，为何不尝试通过中国增加对美国需求的方式来解决呢？为了遏制中国的崛起而牺牲本国人民的利益，值得吗？况且这种遏制的效果也是不大的。

二、实证检验美国进口对消费的影响

为了进一步分析限制进口中国产品对美国消费者造成的伤害，我们选取 1976 年 2 季度到 2008 年 2 季度的美国季度数据为样本，运用 eviews5.0 软件，对所选取的数据进行实证分析。用 IM 表示进口，EX 表示出口，CUM 表示消费。通过实证检验，发现全部时间序列在滞后一阶，有趋势相和截距项条件下的单位根检验，都是满足平稳的（表 5 -3）。

表 5－3　美国进口对消费影响的普通回归模型结果

变量	参数	标准误	T 值	P 值
EX	10.32180	3.448747	2.992913	0.0031
IM	5.184621	2.442194	2.122936	0.0350
CUM	2670.034	93.99052	28.40748	0.0000
拟合度	0.863377		因变量均值	4834.910
调整后的拟合度	0.861990		因变量标准差	2341.686
回归标准差	869.9279		AIC 标准	16.38958
参差平方和	1.49E+08		SC 标准	16.43906
对数似然值	－1635.958		F 值	622.4647
D.W 统计值	1.417541		P 值	0.000000

从表 5－3 我们看出，D.W 值只有 1.417，只有接近 2，残差才会不存在一阶自相关，所以这个模型并不满足经典线性假设，所以要做改进来消除一阶线性相关。为此，在模型中加入 AR（1）项，来消除一阶自相关（表 5－4）。

表 5－4　消除一阶自相关后的美国进口对消费影响的普通回归模型结果

变量	参数	标准误	T 值	P 值
EX	10.25809	4.570702	2.244313	0.0259
IM	5.142023	3.238647	1.587707	0.1140
CUM	2691.205	127.0271	21.18607	0.0000
AR（1）	0.287872	0.068453	4.205408	0.0000
拟合度	0.874490		因变量均值	4850.309
调整后的拟合度	0.872559		因变量标准差	2337.418
回归标准差	834.4308		AIC 标准	16.31127
参差平方和	1.36E+08		SC 标准	16.37747
对数似然值	－1618.972		F 值	452.8883
D.W 统计值	2.121743		P 值	0.000000

从上表可以等到如下回归估计方程：

$$CUM = 2691.2 + 10.26EX + 5.14IM + U_t$$

$$U_t = 0.287U_{t-1} + e_t$$

$$R^2 = 0.87, \quad D.W. = 2.12$$

可见，美国的进口和消费有显著的正向关系。这就说明美国从中国的进口增加促进了美国消费的增长，提高了美国人的福利，改善了美国人的生活。从而进一步说明，美国限制从中国的进口，最终损害的是美国消费者的切身利益。

第三节 美国的保护贸易政策增加美国的失业率

减少美国的失业率是美国对中国实行保护主义政策的另一借口。稍有经济学常识的人都知道，就业的多少是由消费需求、投资需求、政府需求和出口共同决定的。假设美国的消费、投资和政府需求不变，美国的出口多少直接关系到美国的就业的多少。美国对中国的出口越多，就越有利于美国的就业，反之，则不利于美国的就业。

一、贸易保护主义不利于美国工人就业

在美国，某些利益集团、国会中的某些议员及上到总统的一些政府官员每次对从中国进口的商品采取保护措施时，从来没有放过一个机会把工人就业和福利放在首位。其实，这是一个好听、诱人的口号。对此，恩格斯曾揭露

说:"和资产阶级同时并存的还有一批数量相当可观叫做无产阶级的人们——工人,无产阶级。试问,实行保护关税制度对这些人会有什么好处吗?他们会因此得到更高的工资,吃穿更好一些,居住条件更有益于健康吗?会有更多的空闲时间休息和学习吗?他们会得到一些钱来更合理、更注意地教养自己的子女吗?为保护关税制度进行辩护的资产者先生们,从来没有放过一个机会把工人阶级的福利放在首位。照他们说来,保护工业制度实行以后,工人会过真正的天堂生活,德国会因而变成无产者的"流着奶与蜜"的迦南人之地。但是自由贸易派却说,只有实行他们的制度,无产阶级的生活才会像"在上帝怀抱里"那样子的快活。这两派中还有很多目光短浅的人,他们真的相信自己的话是真话。但这两派中比较聪明的人都很清楚,上面的那些话不过是一种骗局,目的是为了迷惑群众,把他们拉到自己方面来。聪明的资产者很清楚,无论占统治地位的是保护关税制度还是自由贸易制度,或者是以这两者的原则为基础的混合制度,工人得到的工资都不会多于他维持起码生活所绝对必需的。不论实行哪种制度,工人得到的都只能是维持他这架开动着的工作机所必需的。这样一来,起决定作用的是保护关税派还是自由贸易派,乍一看来,对无产者好像都是完全无所谓的"。①恩格斯这大段话在今天还是有效,完全适合美国。由于美国对从中国进口的物美价廉的商品实行保护措施,一方面造成进口减少,另一方面造成美国的商品的价格提高,这无疑等于降低工人和消费者的收入,使他们购买的消费品减少,生活水平下降。对工人和广大消费者哪有什么好处。在美国保护关税制度已经完成了自己的任务,它的性

① 《马克思恩格斯全集》(第4卷),人民出版社1965年版,第67—68页。

质正在发生变化，与其说是保护生产者，还不如说是损害消费者。美国对华采取贸易保护的结果是造成物价和工资互相追逐上涨。这就是当代西方经济学所说的需求拉动通货膨胀和成本推进通货膨胀相互推进的原理。美国政府为了保护国内某些消费品行业的就业和生产，对中国向美国出口的某些消费品提高关税，提高这些消费品在美国市场上的价格，引起美国的生活资料物品的价格上涨，生活成本提高。如果工资不提高，公认的生活水平下降。工人势必要求提高工资。这就引起美国生产的产品的价格进一步提高，造成美国产品的价格无论在其国内市场，还是在国际市场都要上涨，竞争力下降，更不利于美国的出口，更不利于美国的就业。而且美国还限制对中国出口，使得美国生产的产品产能过剩，美国不需要生产更多的商品，因此也就不需要更多的工人劳动，工人也就失去了就业的机会，美国的失业率将进一步上升。

凯恩斯在他的著作中都直言不讳地主张国家利益至上。而且他认为，国家的利益就在于实现充分就业。实现充分就业，要依靠投资增加。投资增加就得依靠利润增加，取决于利润诱导投资，而不是工资增加。凯恩斯始终把实现充分就业问题放在首位，他认为，随着收入的增加，消费支出也增加，但是消费支出增长的幅度赶不上收入的增长幅度，造成总支出小于总收入，如果没有额外的投资增加弥补这个缺口，经济就会衰退，失业增加。要防止这种现象发生，只有增加投资，要增加投资，就得靠利润增加来诱导投资增加。利润是推动企业投资的主要动力。因此，凯恩斯主张在社会产品的分配过程中，应向利润倾斜，让利润膨胀。企业并非为生产而生产，而是为了利润而生产。利润下降，甚至利润为负的企业就失去了生产的目的，也就减少生产或停产，这必然造成经济衰退。

这就是凯恩斯反对工资上涨，收入膨胀的理由。

美国的国会议员、总统和企业家都深知凯恩斯关于利润推动企业投资，进而推动经济增长，就业增加的理论。在实践上美国政府的经济政策也一直是向企业家倾斜，在收入分配上向利润倾斜。表5－3和表5－4提供的信息说明了这个问题。

表5－3　1999—2009年美国利润、物价和工资（绝对数）

年份	平均周工资（美元）	CPI（1984＝100）	全部公司利润（10亿美元）	制造业企业税前利润（10亿美元）	制造业企业利润（不变价格，10亿美元）
1999	463.2	166.6	776.6	355.3	148.8
2000	481.0	172.2	755.7	381.1	143.9
2001	493.8	177.1	720.8	83.2	49.7
2002	506.8	179.9	762.8	195.5	47.7
2003	518.1	184.0	892.2	305.7	69.4
2004	529.1	188.9	1195.1	447.5	154.1
2005	544.3	195.3	1609.5	524.2	247.2
2006	567.9	201.6	1784.7	604.6	304.5
2007	590.0	207.3	1730.4	602.8	278.6
2008	608.0	215.3	1424.5	388.1	175.5
2009	616.4	214.5	—	—	—

资料来源：2010年美国总统经济报告。

表5－4　2000—2009年美国利润、物价和工资增长率　单位:%

年份	平均周工资	CPI	全部公司利润	制造业企业税前利润	制造业企业利润（不变价格）
2000	3.9	3.4	－2.7	7.3	－3.3
2001	2.7	2.8	－4.6	－78.2	－65.5
2002	2.6	1.6	5.8	135.0	－4.0

续表

年份	平均周工资	CPI	全部公司利润	制造业企业税前利润	制造业企业利润（不变价格）
2003	2.2	2.3	17.0	56.4	45.5
2004	2.1	2.7	33.9	46.4	122.0
2005	2.9	3.4	34.7	17.1	60.4
2006	4.3	3.2	10.9	15.3	23.2
2007	3.9	2.8	-3.0	-0.3	-8.5
2008	3.0	3.8	-17.7	-35.6	-37.0
2009	1.4	-0.4	—	—	—
2000—2008（平均）	3.1	2.9	8.3	18.2	14.8

资料来源：2010 年美国总统经济报告。

表 5-3 和表 5-4 指出，1999 年美国平均周工资为 463.2 美元，2009 年为 616.4 美元，10 年之间增长了 1.33 倍。从 2000 年到 2008 年，美国平均周工资的增长率为 3.1%。1999 年美国全部公司利润为 7766 亿美元，2008 年为 14245 亿美元，从 2000 年到 2008 年，美国全部公司利润的增长率为 8.3%，美国制造业税前利润的增长率为 18.2%，以不变价格计算的美国企业利润的增长率为 14.8%。这些数字雄辩的说明了美国某些国会议员和政要对从中国的进口实施保护主义关税，根本不是要保护工人利益，扩大工人就业，实质是为了保护美国企业的利润而已。

二、实证检验美国出口对失业率的影响

本书选取 1976 年 2 季度到 2008 年 2 季度的美国季度

数据为样本[①]，运用 eviews5.0 软件，对所选取的数据进行实证分析。用 im 表示进口，ex 表示出口，Une 表示失业率。他们之间同阶的拟合并不能很好地反映出相应的线性关系。因此我们分别选择了它们的一阶滞后来完善拟合（表 5-5）。

表 5-5 美国出口对失业率影响的普通回归模型结果

变量	参数	标准误	T 值	P 值
IM	0.002395	0.002800	0.855658	0.3933
EX	-0.001379	0.004698	-0.293602	0.7694
IM（-1）	0.003594	0.002755	1.304599	0.1936
EX（-1）	-0.006592	0.004883	-1.349988	0.1786
CUM	18.38301	125.3790	0.146620	0.8836
AR（1）	0.998790	0.011448	87.24273	0.0000
拟合度	0.979349	因变量均值		5.308586
调整后的拟合度	0.978811	因变量标准差		1.348576
回归标准差	0.196303	AIC 标准		-0.388484
参差平方和	7.398667	SC 标准		-0.288840
对数似然值	44.45992	F 值		1821.094
D.W 统计值	1.755142	P 值		0.000000
AR 单位根倒数	1.00			

我们发现，D.W 值不能通过检验，因此加入 AR（2）选项，来消除残差的自相关，由此得到表 5-6 所示的结果。

① 数据来源于 http://research.stlouisfed.org。

表 5-6 消除自相关影响后的美国出口对失业率影响的普通回归模型结果

变量	参数	标准误	T 值	P 值
EX	-0.000979	0.004566	-0.214496	0.8304
IM	0.002014	0.002754	0.731021	0.4657
EX（-1）	-0.005944	0.004799	-1.238580	0.2170
IM（-1）	0.003604	0.002694	1.337612	0.1826
CUM	7.822081	8.830963	0.885756	0.3769
AR（1）	1.099914	0.070738	15.54919	0.0000
AR（2）	-0.103851	0.071502	-1.452427	0.1480
拟合度	0.980524	因变量均值		5.308122
调整后的拟合度	0.979909	因变量标准差		1.351996
回归标准差	0.191635	AIC 标准		-0.431562
参差平方和	6.977557	SC 标准		-0.314900
对数似然值	49.50884	F 值		1594.278
D.W 统计值	2.015021	P 值		0.000000
AR 单位根倒数	1.00	0.10		

由上表我们可以得到如下回归方程：

$$UNE = 7.82 - 0.00097EX + 0.002IM - 0.006EX(-1) + 0.0036IM(-1) + Ut$$

$$Ut = 1.099U_{t-1} - 0.103U_{t-2} + e_t$$

$$R^2 = 0.98, \quad D.W. = 2.01$$

可见，美国出口对美国失业率有显著的正效应。这是因为美国限制对中国的出口，产品需求就要减少，就要减少本国企业的生产，减少生产必然减少就业，增加失业率。而中国作为发展中的大国，经济的快速发展，对美国高科技产品需求量巨大，美国为了遏制中国的发展，限制对中国出口高科技产品，无疑使美国放弃了一个巨大的市场，自愿减少了产品的出口。美国这种损人不利己的做法，无疑使美国的工人丧失了就业机会，增加了美国的失业率。

第六章

美国对华新贸易保护主义对中国的危害

美国为了遏制中国的崛起，采取了一系列贸易保护政策措施企图延缓和阻碍我国经济的快速发展。一方面，一再对人民币施压，逼迫人民币升值，企图降低我国商品的国际价格竞争优势，阻碍我国产品的出口；另一方面，不停地发起对华贸易救济措施、不停地对中国企业进行知识产权调查，还设置了技术壁垒和绿色壁垒等一系列贸易壁垒限制中国产品的进口，并一直限制本国高科技产品对中国的出口。美国对华贸易保护主义给我国经济发展造成了很大的伤害，造成了我国部分外向型企业出口大幅度下降，甚至破产倒闭、工人下岗失业，并且导致了我国人民币内外价值的矛盾，扰乱我国正常的经济秩序，增加了我国金融部门的宏观调控难度。美国限制向中国出口高科技产品和技术还危害了我国的国家安全，延缓了中国的产业结构优化升级。

第一节 中美贸易摩擦的危害

一、中美贸易摩擦的扩大化

虽然我国加入了 WTO，但是由于美国一直不承认我国的市场经济地位，这给美国等国家对中国实施反倾销等贸易保护措施提供了方便。自 1995 年以来，中国连续 18 年成为全球遭到反倾销调查最多的国家。2008 年，我国遭遇反倾销调查 73 起、反补贴调查 10 起，分别占当年全球反倾销、反补贴案件总数的 35% 和 71%。2009 年，共有 22 个国家和地区对中国发起了 116 起反倾销、反补贴、保障措施和特保调查，直接涉及出口金额达 126 亿美元。作为中国的第二大贸易伙伴，美国为了摆脱经济危机的影响，遏制中国经济的发展，不断以中美贸易失衡为由，利用各种贸易壁垒频繁制造同中国的贸易摩擦，以减少中国对美国的进出口，阻碍中国的发展。

2008 年，美国对华贸易救济调查占其发起调查案件总数的 28.2%，其中 5 起反倾销反补贴合并调查，涉案金额 5.1 亿美元，同时，发起 5 起发倾销调查，涉案金额 2.8 亿美元。此外，美国还就 2008 年以前对华发起的 7 起双反案件和 6 起反倾销案件做出了肯定性终裁。2009

年，美国对中国发起10起双反调查，涉案金额45.4亿美元，发起2起单独反倾销调查，涉案金额为4.8亿美元，其间，美国还对中国轮胎采取了特别保障措施，涉案金额为22亿美元。到了2010年，美国对中国挑起的贸易摩擦更加频繁，仅2010年10月1日至15日半个月期间，美国商务部对华贸易救济和相关案件就达24起。同时，美国对华贸易保护的领域也正从货物贸易向汇率、服务贸易、知识产权和投资等领域扩展，贸易摩擦的争执也正在从单个产品向整个产业扩散。

二、导致我国相关出口企业出口量大幅减少

中美贸易摩擦直接导致我国出口企业出口量下降，失业增多，一些企业面临亏损甚至破产倒闭的危险，并同时影响了上下游的相关行业。例如，2009年4月20日，依照美国《1974年贸易法》"第421条款"，美国钢铁工人协会向美国国际贸易委员会提出了针对中国输美商用轮胎的特殊保障措施案申请。2009年6月29日，美国国际贸易委员会以中国轮胎产品扰乱美国市场为由，建议美国政府将在现行进口关税（3.4%—4.0%）的基础上，针对中国输美的乘用车与轻型卡车轮胎连续3年分别加征55%、45%和35%的从价特别关税。美国白宫还于北京时间2009年9月12日宣布，美国总统奥巴马决定对中国轮胎特保案实施限制关税，为期3年。白宫还在一份声明中表示，第一年将对从中国进口的轮胎产品加征35%关税，第二年加征30%，第三年加征25%。这次轮胎特保案会对中国的轮胎出口贸易造成很大冲击，导致了我国众多轮胎企业的出口大幅度下降。例如，山东玲珑集团轮胎产量的50%用于出口，美国"轮胎特保案"影响到该企

业的出口额约为7000万美元。又如，海南天然橡胶股份有限公司橡胶产量占国内天然橡胶产量的50%左右，美国公布“轮胎特保案”后，我国轮胎用橡胶的需求大幅度下降，大约有6万胶农的生产生活受到严重影响。在美国实施“轮胎特保案”后，中国有30家左右的轮胎企业减产或者停产，近10万产业工人的工作和生活受到了影响。而且美国的举动引发了国际连锁效应，截至2010年1月20日，对我国轮胎进行特保调查的国家已经突破了10个，我国轮胎出口市场面临着有史以来最严峻的局面。再如，2009年欧盟和美国相继对中国输欧无缝钢管和输美石油钢管征收高额反倾销税。这对包括宝钢、鞍钢、中信泰富新冶钢、华菱衡管、天津钢管、攀钢成都无缝管、无锡西姆莱斯等在内的众多无缝钢管企业产生巨大冲击。资料显示，我国无缝钢管出口总量为609万吨，出口市场主要是美国和欧盟，市场份额高达50%以上，欧美的反倾销措施，将直接导致我国3000多家无缝钢管生产企业中的70%处在停产或者限产状态，大量工人因此失业。

我国作为最大的发展中国家，技术水平相对落后，近年来的对外贸易也受到了发达国家制定实施的各种非关税壁垒的很大冲击。尤其是在农产品出口方面，随着我国农产品出口企业更加广泛、深入地参与国际竞争，美国等发达国家设置的技术壁垒、绿色壁垒等新型非关税壁垒对我国农产品出口企业的危害也越来越大。美国设置了不同程度和各种形式的技术法规和技术标准来限制我国农产品出口。同时世界各国还制定了严格的产品检疫检验制度，包括检疫和检验的法律、法规要求、程序、出证、检验等，将我国大量不符合检验标准的农产品挡在了国门以外。我国农产品出口企业为了能够继续维持出口，将不得不提高生产和加工的技术标准，这将直接提高我国农产品的生产成本，削弱我国农产品的价格优势和国际竞争力。另外，由于国外进口检疫机构在对我国出口农产品进行检疫的过程中，提高了检疫的标准，延长了检疫的手续，也增加了我国农产品出口的成本。虽然发达国家有时不对产品和服务的市场准入直接设限，但通过设置各种环境标准和检测标准，或提高原有标准，从而通过迫使出口方采用高成本生产技术的方法来达到削弱其国际竞争力的目的。这些措施严重影响了我国农产品的出口额，导致农民收入降低。例如，根据有关统计数据显示，因为达不到发达国家的进口标准，2002 年我国冻鸡肉出口总量减少 8 万吨，出口额减少了 2 亿美元，鸡农损失 2 亿多元。

三、增加了我国出口企业的失业率

中国具有比较优势的出口行业绝大部分是劳动密集型企业，遭遇贸易摩擦不仅会对中国的出口量、出口额产生影响，同时出口量和产量的减少还会给这些行业的就业造成很大影响。特别是我国的一些出口型中小企业，由于对外依赖性强、规模小、应对能力差，贸易摩擦对其危害尤其严重。这些企业在遭遇贸易摩擦后，经常出现由于出口不畅而减少产量甚至破产，从而导致大量工人失业的现象。据估算，2004 年美国对中国发起反倾销调查后，约 15 万人的正常就业受到影响；美国对中国虾类产品实施反倾销后，十几万虾农的收入受到影响。而纺织品领域则影响更大，目前中国纺织业的直接就业人数已达 1800 万人，间接就业 9000 万人，2005 年纺织品出口受限已经使数十万纺织工人的就业受到不同的影响。2002 年因为冻鸡肉等农产品的贸易摩擦，影响了我国 105 万人的就业。2009 年在美国实施“轮胎特保案”后，中国有近 10 万产业工人的工作和生活受到了影响。

我国是出口导向型经济，出口企业数量众多，所容纳的就业人数巨大。美国的贸易保护措施使得我国相关企业大量破产、减产，这将导致大量工人失业，又因为倒闭的企业大多数为劳动密集型企业，失业的工人学历低，技能单一，再就业困难。在我国社会保障制度不太健全的情况下，若出现大量的失业人员，必然会形成一定的社会问题，危及中国的社会稳定。

第二节 压人民币升值的危害

由于我国的对外贸易依存度很高，对外贸易对我国的经济增长贡献巨大，而且我国出口商品主要的优势就是价格低。因此，美国持续压人民币升值，抬高我国出口商品的国际价格，减弱了我国商品的国际竞争力，这给我国经济造成了一定的危害，扰乱了我国的正常经济秩序。同时使人民币对内贬值对外升值，人民币升值预期强烈，导致大批热钱涌入，危害了我国的金融安全，增加了我国金融机构的调控难度。而且也使我国的出口企业利润降低，甚至造成一部企业破产倒闭，造成大批工人失业。

一、压人民币大幅升值不符合中国的实际国情

美国奥巴马政府和国会议员无休止地要求人民币升值的目的是要提高我国出口商品在国际市场上的美元价格，

以降低中国商品的竞争力，提高美国商品的竞争力。但汇率并不是商品在国际市场上的竞争力，一国出口商品的底价，即商品在国内的价格是决定商品国际竞争力的重要因素。而国内工资又是决定商品国内价格的重要因素。

马克思说："商品价格的一部分是由劳动价格构成的[①]。""经验说明：工资上涨，商品的平均价格就上涨，工资下跌，商品的平均价格就下跌[②]。"美国的政要和议员们当然知道，工资是产品的最主要的成本，而产品在市场上的价格，除了受需求方面的影响之外，就是受其生产成本所左右，确切地说，受工资所左右。当今中美贸易的主要产品已经不再是异类产品之间的互补贸易，而是同类产品之间的竞争性贸易。在中美两国同为 WTO 成员国、两国产品都享受最惠国待遇、享受国民待遇的情况下，中美两国产品在两国市场上的竞争力在很大程度上是由生产成本所决定的。由于美国的工资水平几乎是中国的 7.6 倍，那么，美国的产品与中国的同类产品相比，其价格就要大大地高于中国。这样，以追求自我利益为本的美国消费者就会毫不犹豫地购买中国商品，而不购买美国自己生产的商品。正是由于中国的商品便宜，美国人愿意竞相购买，所以美国对中国商品的需求大量增加，促使中国的出口就迅速地、大量地增加，造成中国对美国贸易的大量顺差。这种情况并非美国政府所能左右的，而是由美国人极力倡导的消费者主权，货币选票的威力所在，这是什么力量也阻挡不了的。

由表 6－1 可以看出，2005—2009 年中国人均 GDP 由 1710.0 美元增加到 3677.9 美元，增加了 1.15 倍之多。与

① 马克思：《资本论》（第 1 卷），人民出版社 2002 年版，第 601 页。

② 马克思：《资本论》（第 3 卷），人民出版社 2002 年版，第 981 页。

此同时，美国的人均 GDP 由 42680.6 美元增加到了 46380.9 美元，增加了 8.7%，增长速度远远落后于中国。但就绝对量而言，中国的人均 GDP 根本无法和美国相提并论。以 2009 年为例，美国的人均 GDP 是中国的 12.6 倍。中国的人均 GDP 低，源于中国的工资低；美国的人均 GDP 高，也是因为他们的工资高。以 2008 年为例，美国的人均年工资为 31702.3 美元，而中国仅为 4159.4 美元，美国的年平均工资是中国的 7.6 倍。近年来，美中贸易不能实现均衡的根本原因就在这里。

中国的工资低并不是中国政府人为制造的，而是历史形成的，是自然形成的。马克思说："由于一个国家的气候和其他自然特点不同，食物、衣服、取暖、居住等等自然需要也就不同。另一方面，所谓必不可少的需要的范围，和满足这些需要的方式一样，本身是历史的产物，因此多半取决于一个国家的文化水平，其中主要取决于自由工人阶级是在什么条件下形成的，从而它有哪些习惯和生活要求。因此，和其他商品不同，劳动力的价值规定包含着一个历史的和道德的因素[①]。"正是由于历史的和道德的因素，发展中国家的工资低，这一点已成为发展中国家具有的一种竞争优势，但绝不是值得骄傲的优势。

与美国相比中国的工资水平太低，甚至低得不成比例，使中国人感到羞愧。但是，自己和自己比，中国人又感到自豪。2000 年我国人均工资为 1127.4 美元，而 2009 年则达到了 4159.4 美元。在短短的 10 年里，我国的人均工资增长了 3.69 倍。与此同时，美国的人均工资仅从 25081.2 美元增长到了 32139.3 美元，仅增长了 1.28 倍。美国的工资高也是历史形成的和自然形成的。要想人为地

① 马克思：《资本论》（第 1 卷），人民出版社 2002 年版，第 194 页。

表 6－1　　2000—2009 年中美若干经济指标比较

国别	指标	2000 年	2001 年	2002 年	2003 年	2004 年	2005 年	2006 年	2007 年	2008 年	2009 年
中国	GDP（亿美元）	11984.8	13248.1	14538.3	16409.6	19316.5	22357.5	26578.4	33824.5	43274.5	47577.4
	增长率	8.4	8.3	9.1	10.0	10.1	10.4	11.6	13.0	9.0	8.5
	人均 GDP（美元）	945.6	1038.0	1131.8	1269.8	1486.0	1710.0	2022.0	2560.0	3403.5	3677.9
	增长率	9.8%	9.8%	9.0%	12.2%	17.0%	15.1%	18.2%	26.6%	33.0%	8.1%
	年平均工资（美元）	1127.4	1308.9	1494.8	1687.6	1923.4	2221.2	2616.1	3250.3	4159.4	—
	增长率	0.12	0.16	0.14	0.13	0.14	0.14	0.15	0.19	0.17	—
	物价指数 2000 = 100	100.0	100.7	100.0	101.1	105.1	107.0	108.5	113.7	120.4	120.4
美国	GDP（亿美元）	99514.8	102861.8	106423.0	111421.8	118677.5	126383.8	133989.3	140776.5	144414.3	142662.0
	增长率	4.1	1.1	1.8	2.5	3.6	3.1	2.7	2.1	0.4	－2.7
	人均 GDP（美元）	35251.9	36064.5	36950.0	38324.4	40450.6	42680.6	44823.0	46629.7	47392.8	46380.9
	增长率	5.2%	2.3%	2.5%	3.7%	5.5%	5.5%	5.0%	4.0%	1.6%	－2.1%
	年平均工资（美元）	25081.2	25747.6	26423.4	27013.1	27588.3	28382.9	29610.4	30766.4	31702.3	32139.3
	增长率	3.9	2.7	2.6	2.2	2.1	2.9	4.3	3.9	3.0	1.4
	物价指数 2000 = 100	100.0	102.8	104.5	106.9	109.7	113.4	117.1	120.4	125.0	124.5

注：平均工资指非农部门雇员平均年收入。

资料来源：1. 2010 年国际货币基金组织发布的世界经济展望报告。

2. 2010 年美国总统经济报告。

3. 2009 年《中国统计年鉴》，中国统计出版社 2009 年版。

缩小中美两国工资水平的差别并不是一朝一夕的事情，甚至在可预见的将来都是不可能完成的事情。美国人想通过人民币对美元升值，来轻而易举地改变两国工资结构，让中国的工资快速提高到与美国相同的水平，或者高于美国的水平，以求消除中美两国产品价格的差别。这虽然不能说是异想天开，但显然是不现实的，也是不可能实现的。

马克思在《资本论》第 1 卷引用《论手工业和商业》中的话说："议员斯特普耳顿向他的选举人说：'如果中国成了一个大工业国，那么欧洲的劳动人口除非把生活水平降低到他们的竞争者的水平，否则，我就不知道他们怎样才能坚持竞争'。"[①] 当时的人可能谁也没有想到这段戏言、笑话甚至是天方夜谭的论述，居然在 140 年后变成了现实。中国真的成了大工业国，不仅是欧洲国家的竞争的对手，也是美国的竞争对手。如果我们中国模仿当年英国国会议员斯特普耳顿的口气对美国人说，我们中国已经成为一个大工业国了，你们美国除非把你们的工资降到和我们中国工资相同的水平，否则，你们就无力与我们竞争。美国人肯定会拍案而起、怒不可遏地回答说，简直是无稽之谈，无理要求。我们美国岂能为美中贸易逆差，让我们的工资下降，生活水平下降，总需求减少，失业增加，企业倒闭，经济崩溃呢？

那么，请美国官员们是否可以换位思考一下，你们不顾中国国情，蛮横无理地要求人民币汇率按照你们的意愿无休止地升值，难道中国政府和中国人民就会顺从地接受吗？中国政府和中国人民也会说，请不要欺人太甚，为了减少和消除中美贸易失衡，中国已经做出了不少让步。但是要求我们把人民币对美元汇率升到使中国出口商品的美

---

① 马克思：《资本论》（第 1 卷），人民出版社 2002 年版，第 659 页。

元价格与美国商品的美元价格相等甚至有过之而无不及的程度，这同样是无理要求，是有意恶化中美经济关系。试想如果中国出口商品的价格一下子上涨几十倍，那就完全脱离了生产成本，根本背离了供求关系。如果那样，中国的价格结构、工资结构乃至整个经济结构都要崩溃。

我国实行的是有管理的浮动汇率制度，人民币汇率的走势首先依赖外汇市场上的供求关系，同时，我国政府也要根据本国和别国，特别是美国的情况，对人民币汇率走势进行有效的管理，使人民币对美元汇率成为有利于中美两国经济合作、共同发展的纽带，决不能让人民币对美元汇率成为制造中美两国贸易摩擦的手段。

从小布什政府到奥巴马政府都一直要求中国像美国那样实行完全自由浮动汇率制度。这更是不顾事实，强加于人的做法。

2009 年我国的 GDP 在世界排名第三，仅次于美国和日本，把英国，法国、意大利、西班牙这几个老牌的资本主义国家甩在后面。但还必须指出，我国的人均 GDP 在世界排名为第 99 名，仅为 3678 美元，美国为 46381 美元，是我国的 12.6 倍。我国的人均 GDP 还低于我国香港的 29826 美元，低于韩国的 17074 美元，低于我国台湾的 16392 美元，低于巴西的 8220 美元，低于俄罗斯的 8694 美元（表 6 - 2）。这足以证明，中国还是一个发展中国家，美国是一个发达国家。不同发展类型的国家不可能实行统一汇率制度。这是西方经济学家所认同的。美国一些著名的经济学家都说，发展中国家患有“浮动汇率恐怖症”，因为发展中国家金融体制落后，金融自我防范能力弱，所以不适宜实行自由浮动汇率制度。中国当然也是如此。中国实行有管理的浮动汇率制度，符合中国的国情，也符合马克思经济理论和凯恩斯经济理论。

表 6－2　　　　2009 年世界 GDP 排名

排名	国家或地区	GDP（亿美元）	排名	国家或地区	人均 GDP（美元）
1	美国	142563	1	卢森堡	104512
2	日本	50681	2	挪威	79085
3	中国	49090	3	卡塔尔	68872
4	德国	33527	4	瑞士	67560
5	法国	26759	5	丹麦	56115
6	英国	21836	6	爱尔兰	51356
7	意大利	21183	7	荷兰	48223
8	巴西	15740	8	阿联酋	46857
9	西班牙	14640	9	美国	46381
10	加拿大	13364	10	奥地利	45989
11	印度	12360	11	澳大利亚	45587
12	俄罗斯	12292	12	芬兰	44492
13	澳大利亚	9972	13	瑞典	43986
14	墨西哥	8749	14	比利时	43533
15	韩国	8325	15	法国	42747
16	荷兰	7948	16	德国	40875
17	土耳其	6153	17	日本	39731
18	印度尼西亚	5394	18	加拿大	39669
19	瑞士	4946	19	冰岛	37977
20	比利时	4704	20	新加坡	37293
25	中国台湾	3790	25	中国香港	29826
39	中国香港	2107	99	中国中国	3678

资料来源：2010 年国际货币基金组织发布的世界经济展望报告。

马克思说："由此可以明白一个道理：因为纸币必然重复金属货币的运动，因为在这种情况下人为的调节必将取代在另一种情况下起作用的自然规律。"① 这就是说，在外汇市场上，汇率也不应该完全由外汇的供求关系决定，也不应该由"自然规律"决定。政府也应该通过管

① 马克思：《马克思恩格斯《资本论》书信集》，人民出版社 1976 年版，第 33 页。

理货币供给“人为调节”的方式，对汇率进行管理。

美国国会众议院于2010年9月29日通过所谓的《汇率改革促进公平贸易法案》，以人民币汇率被低估为由，要对中国的进口征收特别关税。这一做法被认为是美国贸易保护主义升温的体现。美国政要和议员不顾中国的国情无理要求我国实行自由浮动汇率，让人民币汇率完全由供求关系决定，这种观点主要是古典学派的完全自由放任理论，但是，这个理论早就被凯恩斯否定了，也被西方各国在经济政策中抛弃了。所以，我们也不应按照这个理论来推进我国的人民币汇率改革。美国某些政要和议员认为，我国政府对金融市场进行管制，违背了市场经济规律。然而凯恩斯却认为这一点都不违背。他说：“我们时代许多最为严重经济弊病……对个人利益孜孜以求，也许加重了病情。我相信，治疗这些病症的良方，在于一方面由一个中央机构来对货币和信用实行审慎的控制。”①

近十多年来由于对个人利益孜孜以求，金融投机所造成的损失令人触目惊心。这种投机或赌博行为加重了市场经济的病情。我国政府对各类金融交易进行有效的管理，就是要防止那些对个人利益孜孜以求的投机者和对财富疯狂掠夺的赌博者把金融市场变成投机市场，变成赌博市场。

美国某些政要和议员认为，干预外汇交易就是对人性自由的侵害。凯恩斯对此则完全持否定态度，他说：“政府职能的扩大是对个人主义的严重侵犯，但我要为这种扩大进行辩护。我认为，事实恰恰相反。它不但是避免现在的经济制度完全被摧毁的唯一可行之道，而且也是个人动

① 凯恩斯：《预言与劝说》，江苏人民出版社1997年版，第317—318页。

力能成功地发生作用的前提条件。”①

我国对外汇市场进行干预，并不是对人性自由的侵犯，而是防止个人主义的缺点和滥用，对外汇市场的有限的管理是对个人自由主义的最好保障，这在很大程度上扩大了个人选择的范围。这种有限的管制是能够成功地制止国际金融大鳄利用外汇交易搞乱我们的金融秩序，摧毁我们的金融制度的唯一可行之道，而且也是个人动力能成功地发生作用的前提条件，从而真正实现个人利益和国家利益的融合与统一。如果说，这种管制就是对个人主义的严重侵犯的话，那么，这种“侵犯”也是正当的、合法的，而且是必需的。只有通过这种“侵犯”，才能有效地控制投机，有力地打击赌博，使外汇市场成为促进国际贸易和国际投资的市场；只有通过这种“侵犯”才能有效地保护从事正常贸易和融资的人不被投机者和赌博者所损害。

二、人民币对内贬值对外升值的矛盾

近年来美国政府一再以中美贸易不平衡、人民币被严重低估为由压人民币升值，在这种情况下，人民币被迫一再升值，2010 年 9 月 18 日，中国人民银行公布的人民币对美元汇率中间价为 6.7172。人民币对美元自 2010 年 6 月 19 日重启汇率改革以来已升值 1.6%，而相对 2005 年汇率改革以来的升值幅度则达到了 23.2%（表 6－3）。而同时，美国为了扩大出口，增加就业，采取了量化宽松的货币政策，使得美元大幅度贬值。在我国现有的储备体系和国际结算体系下，美元的贬值相当于美国将通货膨胀率输入了我国，这样就导致了我国出现了人民币对外升值

① 凯恩斯：《就业、利息和货币通论》，商务印书馆 1999 年版，第 394 页。

对内贬值的矛盾。

表 6－3 2000—2010 年人民币汇率（兑美元）升值和中国的通货膨胀率

年份	人民币兑美元汇率	升值率（%）	我国的通货膨胀率
2005	8.1936	1.005	1.8
2006	7.9723	2.701	1.5
2007	7.6058	4.597	4.8
2008	6.9477	8.653	5.9
2009	6.8307	1.684	-0.7

资料来源：2010 年中国国家外汇管理局数据库。

人民币对外升值对内贬值一方面是由于美国等国家对中国人民币升值的不断施压，但另一方面，造成这种现象的也有一定的我国自己的内部因素。

由于我国经济保持了 30 多年的高速增长，年增长率超过 8%，增长速度居世界之首。同时中国经济对世界经济的参与深度、广度以及影响力也都有了显著提高，国际上对人民币需求大幅增加，这给人民币带来了升值压力。同时，我国一直大力发展出口导向型经济，出口规模伴随着经济的增长急剧的扩大。按照“巴拉萨—萨缪尔逊效应”假说，可贸易部门劳动生产率相对增长将派生本币升值压力。我国国际收支账户（主要是经常账户）长期保持巨额的顺差，这一方面加大了对人民币的需求，直接导致人民币升值；另一方面必然加剧和主要贸易伙伴的贸易摩擦，增加人民币升值压力。而且，由于我国当前的对外贸易状况难以在短时间内发生大的改变，人民币升值的国际压力将继续增加。

而我国的通货膨胀是由多种复杂因素共同作用造成的，这其中既有国际通胀大环境的影响，也有我国经济发展中长期积累的结构性矛盾集中爆发的原因。但是从根本上看，通货膨胀作为一种货币现象，是由流通中的货币过多造成的，因此必须考察我国的货币发行机制。而在现行的强制结售汇制度下，对外贸易的巨额顺差都要通过中央银行强制兑换，央行必须为此投放等额人民币，外汇占款已经成为中央银行投放基础货币的主要渠道。加之近年来我国贸易顺差急剧扩大，中央银行必须为此投放大量的基础货币，由于缺少充分的冲销手段，给货币调控带来了很大冲击。国际上通行的做法是通过中央银行在公开市场上的操作来实现冲销目的，即卖出国债、买入本币，以此抵消因大量收购外汇而多投放的货币，稳定货币供应量。而我国目前尚缺少一个具有相当深度和广度的便于进行公开市场操作的国债市场，中央银行调控汇市的回旋余地太小。大量的基础货币流向市场后，在乘数效应的作用下造成流动性过剩，引发物价上涨，这是当前通货膨胀的一个重要原因。

三、人民币内外价值矛盾的危害

（一）加剧了中国的通货膨胀

人民币升值预期必然吸引大量的国际热钱进入我国，这些资金进入我国的楼市、股市进行投机，加重了我国的资产泡沫，同时，游资的进入又会增加国内的流动性，增强了人民币升值预期，如此往复，必将推动我国的通货膨胀加剧。另外，人民币的对内贬值，强化了我国的企业和居民对资本品投资的需求，在通货膨胀持续高居不下的情况下，只有投资房市、股市等资本品，才能够战胜通货膨胀率，以确保原有财富价值不缩水。近年来中国楼市的暴涨局面，就是我国企业和个人大量投资房地产市场造成的，这也从内部加剧了中国的通胀压力。再加上美国实行宽松的货币政策，全球美元泛滥，美元贬值过快而人民币在目前状态下无法加速对内贬值，人民币短期内还不能成为国际货币，并且我国目前还无法通过大量发行货币进口国际资源方式实现“剩余价值”的国际大转移。在美元加速贬值的情况下，又造成了我国的输入型通货膨胀。

（二）增加了我国宏观经济调控的难度

人民币的对外升值对内贬值造成了我国政府对经济的宏观调控难度。由于我国的连续加息和美国的连续降息，致使美元和人民币利差不断缩小，这使得人民币升值预期强烈，中国成了世界的“资本洼地”，导致国际热钱通过各种方式、各种渠道流入我国，加剧了我国的流动性过剩问题。面对这种情况，中国人民银行若不采取措施抑制热钱流入，中国国内的资产价格和通货膨胀率就会继续走高、通货膨胀恶化。若采取升息措施，将会进一步收窄美元和人民币的息差，甚至出现倒挂，这样人民币升值预期将增强，热钱将更多的流入。而且中央银行为治理通货膨胀提高利率，若幅度掌握得不好，将有可能刺破资产泡沫，使我国经济陷入剧烈波动。这种情况在世界经济史上时有发生，例如，第一次世界大战后美国国力上升，美元升值压力增大，造成了美国股市的泡沫，为此，美联储不断提高再贴现率，一度从3.5%提高到了6%，导致美国股市在1929年9月达到最高点后开始大幅下跌，引发了1929—1933年的世界经济危机。同样，20世纪80年代，日本也经历了日元的大幅升值和国际热钱的大量流入，从1989年5月份起，日本银行开始先后5次提高再贴现利率，导致日本经济泡沫的破裂，造成了日本经济的长期停滞不前。

造成我国当前人民币对外升值对内贬值的原因错综复杂，仅仅依靠央行的货币政策调控效果将不太理想，应该加强财政政策的操作力度，使之与货币政策协调运用，只有这两种调控政策的共同使用、取长补短才能提升我国宏观经济的调控效果。

（三）损害我国出口产品的竞争力，增大我国出口企业的汇率风险

人民币升值直接引起我国出口企业出口的商品在国外的售价提高，这使得国外的消费者对我国的商品的需求下降，我国企业的出口量就会下降。而企业的出口量决定了企业的利润水平，通过相关计算，人民币每升值 1%，棉纺织、毛纺织、服装的行业利润率就会分别下降 3.2%、2.3%、6.2%。而且，由于国内人民币贬值，随着国内通货膨胀的加剧，产品原材料价格上涨，出口商品的成本也将逐步上升。同时，国内各地最低工资标准的不断调高也会使我国企业的廉价劳动力的低工资优势逐渐丧失。这些不利局面均使我国出口企业处在十分艰难的境地。同时，我国中小型出口企业的抗汇率风险能力十分薄弱，很多中小企业甚至没有树立起基本的防范汇率风险观念。人民币汇率发生变化就会给我国的中小型出口企业带来更大的汇率风险。人民币升值，表示人民币汇率在中小进出口企业在支付外币货款的时候比当时合同签订的时候上升了，因此，我国的出口企业就需要支付更多的人民币。人民币升值还会导致出口企业的账面因为汇率变动而呈现损失。这些都使得人民币升值对我国的出口企业的利润产生重大影响。

另一方面，因为我国很多中小型出口企业出口的商品多以劳动密集型产品为主，这类商品的附加值较低，但是能够吸纳的劳动力却很多。人民币升值导致这些单纯依靠价格优势的中小企业面临巨大的压力，他们要么破产倒闭，要么转变企业的出口商品结构。无论他们是倒闭还是转变出口商品结构，都会导致大量的劳动力失业，这势必会影响我国的劳动力就业，增大就业压力，甚至还会危害社会安定。

第三节 限制向中国出口高科技产品的危害

中美贸易摩擦的发展历程表明，美国对中国施行的贸易政策与中国经济发展的进程、中美经济发展的态势有明显的相关关系，中美贸易摩擦的激化与否，与中美之间的经济发展竞争优势息息相关。美国认为，中国的发展已给美国的优势地位带来压力，因此需要采取保护措施来维护原来的优势。美国对华贸易政策的实际目的就是为了遏制中国的崛起和维护美国的世界霸主地位。虽然从实际的影响效果来看，美国对中国频繁发起的贸易摩擦，没有起到从根本上遏制中国经济发展的作用，但也对中国宏观经济发展造成了一系列的危害，在一定程度上起到了延缓中国经济增长速度的作用。这其中对中国危害最大的就是美国限制对中国出口高科技产品。

一、威胁中国的国家安全

在经济全球化的今天，国家安全已经不是单单停留在政治和军事领域了，早已过渡到了经济领域。例如美国的《埃克森—佛罗里奥修正案》规定了并购对国家安全影响的标准：（1）对国防所需要的国内产品的影响；（2）国内产业满足国防需要的能力；（3）外国人对美国国内产业和商业活动的控制，对美国满足国家安全需要能力的影响；（4）拟议中或者正在进行地交易对敏感国家（主要是核不扩散国家名单上的国家或国务卿确定的支持恐怖主义的国家，或者与导弹或生化武器扩散有关联的国家）销售军事产品、设备和技术；（5）拟议中或者进行中的交易对美国关系国家安全的国际技术领导角色的影响。2005 年，美国国会众议院正是依据此法案，以威胁美国国家安全为由阻止了中国海洋石油总公司对美国尤尼科公司的并购，给中国海洋石油总公司造成了大量的经济损失。

技术领先地位和外资控制度是影响国家安全的重要经济因素。美国为了确保其技术领先地位，长期以来一直对中国出口限制，军民两用产品和高科技产品对中国出口受到严格的管制和监督。例如 2009 年 4 月，美国商务部产业安全局发布的《出口管制条例》，修订了在经验证最终用户制度下，经核准的对某产品有权出口、再出口及运输的中国用户名单，中国仅有 5 家公司得到授权。而且还对其规定了能从美国进口商品的范围。2009 年 5 月发布的《出口管制条例》第 744 部分对中国的若干军事最终用途的出口和再出口许可清单进行了修改，增加了出口管制分类编码中的照相机。

由于我国在经济开发过程中长期以来施行引进外资、扩大出口的政策。例如我国的《中华人民共和国企业所得税暂行条例》形成了内外资企业两套税制的“双轨制”税收模式，使得外资企业的实际税负为 11%，而内资企业的实际税负为23%左右，这样就导致内资企业的成本增加，竞争力下降，最终导致市场份额被外资企业高度占领。在这种情况下，美国的大企业、跨国公司等大量来我国投资，兼并和购买了我国大量的企业，并且这些外资企业在中国的产业投入多集中在制造业为主的第二产业，产业布局不均衡，第一和第三产业较少，而且多分布在东南沿海地区，地区分布不均衡。同时，外资企业多属于资源密集型，大量对中国的资源消耗和带来的严重环境污染也制约了中国经济的健康可持续发展。多年以来，外资企业加工贸易的出口额占我国总出口额的50%左右。在我国对外贸易依存度很高的情况下，这导致我国本土企业对我国经济的控制度不足，外资企业对我国经济的影响过大，若美国企业对中国的贸易政策发生改变，将对我国经济造成严重的冲击，进而威胁我国的国家安全。

二、阻碍了我国的产业结构升级

按照赫柯歇—俄林理论：各国资源禀赋不同，发展的历史不同，这就产生了互惠贸易。资本丰富的国家，多生产资本密集型产品，出口资本密集型产品；劳动丰富的国家，多生产劳动密集型产品，多出口劳动密集型产品。美国是世界公认的资本丰富的国家，理应多生产、多出口资本密集型的产品。中国是世界公认的劳动丰富的国家，当然要多生产、多出口劳动密集型的产品。但事实并非如此。

中国经济在改革开放的30多年发展过程中，随着资本的积累和大量外资的流入，中国越来越重视产业结构升级问题，加大了产业结构的调整，这直接推动了出口产品结构的改变，出口商品的科技含量逐渐增高。2009 年，中国向美国出口的核反应堆、锅炉和机械产品价值额为 624. 2 亿美元，占中国对美总出口额的 21. 1%，而美国对中国的出口的同类产品的价值额为仅 84 亿美元，占美国对中国出口额的 12. 1%。就绝对量来说，中国出超额高达 540. 2 亿美元。中国向美国出口电机、视听设备的价值额为 729. 4 亿美元，占中国对美国总出口额的 24. 6%，而美国对中国的出口同类产品的价值额为 94. 7 亿美元，占美国对中国出口额的 13. 6%。从绝对量上看，中国出超额 547. 3 亿美元。这两大类产品均属于科技含量较高的产品。另一方面，美国向中国出口的谷物和水果的价值额为 93 亿美元，占美国对中国总出口额的 13. 4%，中国向美国出口的同类产品数字很小，没有列在前 10 名之内。这组数字似乎证明，中国是资本密集型国家，美国则是劳动密集型国家，中国向美国出口资本密集型产品，从美国进口劳动密集型产品。这显然是不符合实际的，但这又是事实。这种扭曲的事实不是经济规律造成结果，而是美国对华贸易政策造成的结果。

因为随着中国的产业结构升级，出口的技术密集型产品必然对美国的同类产品造成冲击，因此没有就针对中国的高新技术产业和一些技术含量高的产品开始了越来越频繁的使用反补贴、“337 调查”等贸易保护手段，限制中国产品的出口。这将阻碍我国产业结构升级的步伐。

虽然总的来说，中美之间的贸易摩擦一般来说涉及的金额并不是很大，占整个中国对美国出口总额的比例并不是很高，但这些贸易摩擦最终会造成制度性摩擦。贸易摩擦首先表现为微观摩擦，但当贸易不平衡达到一定程度，微观摩擦就可能上升到宏观层面，进而演变为制度摩擦。

现今，美国在解决中美贸易摩擦时，也往往不是仅限于贸易本身，而是一再压人民币升值，要求中国进行市场制度改革。在这种无理要求之下，我国的金融市场改革若是在条件不成熟的情况下仓促进行，一旦汇率改革速度过快，这将对我国的社会主义市场经济制度造成危害，必将使我国的经济陷入困境。

第七章 对策与建议

虽然多年来美国对中国一直施行贸易保护政策，以图遏制中国的崛起，但是中国经济却一直持续快速发展，即使是在世界经济危机的不利大环境下，我国经济发展也在世界上一枝独秀。但我国的经济发展中也存在着不足与挑战，我国还只是贸易大国，我国的贸易增长方式，贸易结构都存在着缺陷，对外贸易的国际环境也日益复杂。而且随着中国经济的发展，美国对中国的贸易保护不但不会停止，反而会愈演愈烈。因此，我国还应该大力转变贸易增长方式、优化贸易出口结构，扩大对外投资，加强区域经济合作，加快我国由贸易大国到贸易强国的转变。

第一节 转变贸易增长方式

一、我国现行对外贸易增长方式的负面作用

改革开放30多年来，我国实行的出口导向型贸易战略，促进了我国经济的快速发展，推动了我国从计划经济向市场经济的转换，促进了我国的就业，提高了我国人民的生活水平。但也带来了一系列负面的作用。

（一）对外贸易依存度过高

虽然我国对外贸易取得了快速发展，贸易额持续扩大。但与此同时，我国的对外贸易依存度也从1978年的10%上升到了2008年的60%左右。过高的贸易依存度导致我国经济受外部环境影响加大，威胁了我国的经济安全。出口的持续扩大，伴随着出口额和市场份额的增加而来的是大量的贸易摩擦。进口的持续增加又可能导致世界可供资源价格的上涨，从而使“中国威胁论”论调四起。若全球经济放缓、贸易摩擦扩大，将会导致我国出口萎缩、进口受限，这都将对我国的经济稳定造成危害。

（二）资源环境压力增大

中国出口的产品多为依赖于原材料加工的劳动密集型、资源密集型产品，粗放型的出口模式使得我国的资源

环境压力越来越大。我国出口额越大，对我国资源消耗的就越多，对环境破坏的就越大。我国本来就人多资源少，这种粗放型的增长模式在我国具有不可持续性，时间越长危害越大。因此，转变出口模式势在必行。

（三）产品成本优势逐渐丧失

随着我国人民生活水平的提高，劳动者的工资水平必然要相应增加，我国不可能长期作为世界的廉价加工厂，虽然增长速度可能比较慢，但也会降低我国出口产品的成本优势。同时，由于国家越来重视环境问题，出台各种措施防治污染和环境破坏，这也加大了我国出口产品的成本，我国出口产品的价格优势将逐步丧失。

（四）贸易摩擦愈演愈烈

由于我国出口产品的技术含量和附加值低、自主品牌少，出口秩序混乱，加剧了出口低价竞销。同时，全球贸易保护主义泛滥，对中国发起的反倾销、反补贴的贸易救济措施此起彼伏，灵活、隐蔽的技术壁垒、绿色壁垒等非关税壁垒不断增多，“337 调查”不断，人民币持续被迫升值。我国已经连续多年成了全球贸易摩擦最多的国家。这些贸易保护措施影响了我国经济的正常发展，恶化了我国对外贸易环境。

（五）服务贸易相对落后

中国服务贸易的发展水平和在国民经济中所占的比重与发达国家相比差距非常大。中国服务贸易出口额的绝对数量和服务贸易出口额占世界服务贸易出口总额的比重与世界贸易强国相比都存在着很大差距，中国服务贸易发展水平落后。这将制约着我国经济结构的全面升级，阻碍我国从贸易大国向贸易强国的转变。

（六）我国贫富差距扩大

由于我国的出口地区多集中在东南沿海地区，加上我国政策上的扶持，所以导致东南沿海地区得到了快速发展，人民富裕，而中西部地区相对落后，人民收入水平相对较低。中国国内经济发展的不平衡，导致了贫富差距严重。这直接导致了我国的内需不足等一系列问题，阻碍了我国经济的发展。

二、大力推动外贸增长方式的转变

我国对外贸易在追求量的扩大时，更应该注重质的提高。应该通过优化出口商品结构，提高产品附加值，提高产品的技术含量，打造自主品牌，扩大对外投资力度，大力发展服务贸易。从这些方面优化出口商品结构，进而转变外贸增长方式，加速我国从贸易大国转变为贸易强国。

（一）增加劳动密集型产业的竞争力

我国是一个人口大国，人口众多，劳动力资源丰富，这既是优势也是劣势。劳动力资源丰富，劳动力成本低，使得我国出口的商品价格低，具有明显的出口竞争优势。但我国的劳动力大多数是农村劳动力，整体技术水平低，而且农村有大量的剩余劳动力需要就业，这也使得我国必须发展劳动密集型的产业。我国的劳动密集型产业经过多年的发展，已经具备了一定的规模。但由于贸易保护泛滥和其他发展中国家的竞争，低技术、低附加值的劳动密集型产业的出口越来越受到制约。

例如我国的加工贸易，主要进行的是初级产品的加工，技术含量低，虽然容纳了大量人员就业，但是经济效率低，不利于我国对外贸易的做大做强。而且资源消耗严重，发展不具备可持续。这就要求我国的劳动密集型产业应该以市场为导向，加大产品的技术含量，将信息技术、生物技术等新的现代技术应用到产品中去，开放新型、精细化的产品，不断提高产品的技术含量和附加值。转变以价格占优的模式，而是要以技术和品质成为产品竞争力的优势，这样既能提高收入也能占领国际市场。而要做到这一点，需要政府政策的支持和引导，加大科研的投入和企业职工的培训。可以以东部沿海好的基础为依托，鼓励和扶持加工贸易向高端产品延伸，而把中低端的产业转移到中西部地区，这样既能满足中西部的就业问题，也能使东部地区全力进行产业升级，从而使我国的资源得到优化配置。

（二）大力扶持技术密集型企业的发展

按照赤松的“雁形理论”及小岛清的“边际产业论”，一国的贸易模式应该不断进行产业结构升级。从消费资料的生产转向生产资料的生产，或由轻工业转向重化工业，再转向技术密集型产业，最终实现国际上的产业转移。他们的这些理论在韩国、中国台湾、新加坡等国家和地区产业结构升级的过程中得到了验证，具有一定的合理性。因此，我国也必须重视高新技术对经济贸易增长的带动作用，尤其在技术性贸易壁垒横行的今天，实现由粗放型增长方式向质量效益型增长方式的转变，大力发展高新技术产业势在必行。这样才能实现由我国从贸易大国向贸易强国的转变。

现阶段，我国出口企业主要还是以劳动密集型产业为主，但随着我国综合实力的提升，资本存量的增加，要想变为贸易强国，就必须大力扶持技术密集型企业的发展。我国企业应该大力提倡自主创新、加大核心技术的研发，应该在一些重要的领域掌握一批核心技术，拥有一批自主知识产权的国际品牌，同时应该注重应用高新技术和先进适用技术对传统产业进行改造，拉长产业链条，增加产品出口品种，提高产品质量和附加价值，增强企业产品的国际竞争力。例如，我国的机械、电子、核工业等已经具有一定的技术优势，其相关企业就应该大力引进先进技术和增强自我研发能力，提高我国产品的自主知识产权比例。使其产品拥有国际领先技术，形成竞争力，这样能大大提高我国出口产品的收益率。

（三）要大力发展服务业

在社会生产产业链中，服务贸易具有重要的作用，在一定程度上决定着产品的附近值。而我国发展服务贸易的时间较短，服务贸易总体水平很低，且大多集中在运输、旅游等行业，而金融、保险、计算机服务、会计、法律等现代服务业的国际竞争力还很薄弱，而这些产业能提高我国产品的附加值和降低我国产品的运输和交易成本。因此，要优化对外贸易机构，就必须大力发展现代服务业。我国要转变观念，扩大服务业的开放程度，学习国外的先进经验，通过引进竞争机制，实现生产要素的自由流动和合理配置；政府应该适当放宽对内资企业的审批标准，让一部分内资企业进入原来垄断经营的服务行业，加大竞争力度；企业要重视高新技术的开发和应用，完善服务产业结构；政府应该制定合理的产业扶持政策，积极规划和引导服务业企业以市场为导向，加大高新技术的研发、创新和应用，提高我国服务业的国际竞争力，缩短其与发达国家的差距，进而优化我国出口商品结构。

第二节 优化对外贸易出口结构

由于长期以来我国实行出口导向性的战略，虽然促进了我国经济的快速发展，但也导致了我国外贸依存度长期高居不下、对外贸易出口结构不尽合理、外贸出口企业被外资企业主导、贸易摩擦频繁等一系列问题，这影响了我国的外贸安全，给我国经济的稳定发展带来了隐患。本节从优化我国出口结构角度来探讨如何来确保我国的外贸安全。

一、我国出口商品结构现状

一国的出口商品结构是由该国的资源禀赋和外贸战略等多种因素决定的。它反映了一个国家的经济发展水平和国际分工地位。30 年来，我国的出口商品结构不断优化，初级产品在出口中的比重持续下降，从 20 世纪 80 年代的 50% 左右下降到了 2008 年的 5.4%，机电类产品一直占主导地位，高新技术产品占比持续增加，但是增速在持续变缓，并且随着我国工业进程的加快，资源类产品的出口速度减缓（表 7-1、表 7-2）。

表 7-1　2002—2008 年中国出口商品结构的变化　单位：%

年份	2008	2007	2006	2005	2004	2003	2002
初级产品出口增速	24.8	16.3	7.9	20.9	16.5	22.0	8.1

续表

年份	2008	2007	2006	2005	2004	2003	2002
初级产品出口占比	5.4	5.1	5.5	6.4	6.8	7.9	8.7
机电产品出口增速	17.3	27.6	28.8	32.0	42.3	44.8	32.3
机电产品出口占比	57.6	57.6	56.7	56.0	54.5	51.9	48.2
高新技术产品出口增速	13.1	23.6	29.0	31.8	50.2	62.6	46.1
高新技术产品出口占比	29.1	28.6	29.0	28.6	27.9	25.2	20.8

资料来源：根据《海关统计》各年12月数据计算得到。

表7-2　2003—2008年中国若干资源性产品出口金额增速与净出口量

单位：%

年份	2008	2007	2006	2005	2004	2003
化肥出口额增速	16.9	220.1	15.6	-22.8		
化肥净出口量（万吨）	323	184	-588	-940	-1240	-1213
煤炭出口额增速	58.9	-10.5	-14.0	12.1	38.6	8.6
煤炭净出口量（万吨）	503	215	2498	4551	6805	8312
焦碳出口额增速	90.1	52.4	-14.2	-40.7	136.1	74.7
焦碳净出口量（万吨）	1213	1530	1450	1276	1501	1472
原油出口额增速	16.9	-38.4	1.5	103.5	-20.3	28.2
成品油出口增速	49.3	29.8	9.9	61.9	6.3	56.0
氧化铝出口额增速	57.6	32.0	2.7	25.9	-48.4	172.9
铁合金出口增速	44.7	47.6	43.3	-9.1	55.8	80.1
钢材出口增速	43.8	68.3	100.7	56.9	168.5	42.2
钢材净出口量（万吨）	4380	4578	2450	-530	-1507	-3021
铝锭铝材出口增速	16.8	8.5	54.7	10.5	59.8	58.1
铝锭铝材净出口量（万吨）	186	143	125	75	47	11

资料来源：根据《海关统计》各年12月数据计算得到。

二、我国出口国内地区结构

我国对外出口企业主要集中在东部地区，多年来东部地区的出口一直占我国出口贸易额的88%左右，中部和西部所占比重一直较小，虽然近些年取得了一定的增长，但是增速缓慢。2008年中部占比达到4.6%，西部占比达到4.5%（表7-3）。

中西部各省市的贸易发展不平衡。从表7-4可见，近些年来，新疆、海南、山西、贵州、内蒙古、贵州、四川、江西等中西部省份对外出口增速明显。对外贸易的不平衡直接导致了我国经济发展的不平衡，资源没有得到有效利用，中西部与东部贫富差距较大。

表7-3　2003—2008年中国四大区域出口贸易总量和比重　单位：亿美元

年份	东部地区（比重）	中部地区（比重）	西部（比重）	东北（比重）
2003	3852.2（87.9%）	159.9（3.6%）	160.1（3.7%）	211.7（4.8%）
2004	5232.1（88.2%）	241.5（4.1%）	207.5（3.5%）	252.3（4.2%）
2005	6747.3（88.5%）	277.1（3.6%）	263.9（3.5%）	332.2（4.4%）
2006	8605.6（88.8%）	354.7（3.6%）	345.3（3.6%）	385.0（4.0%）
2007	10747.5（88.2%）	472.8（3.9%）	462.3（3.8%）	497.4（4.1%）
2008	12424.8（87.0%）	655.5（4.6%）	641.7（4.5%）	563.9（3.9%）

资料来源：根据《海关统计》数据计算得到。

表7-4　2004—2008年中国出口贸易增长速度最快的15个省市区

2008年	2007年	2006年	2005年	2004年
新疆71.9%	新疆53.4%	西藏91.7%	新疆71%	青海109.1%
山西48.9%	海南51.1%	青海62.7%	黑龙江55.6%	山西92.7%
湖北46.8%	贵州51.0%	江西48.9%	陕西46.4%	江西84.3%
四川46.0%	山西46.3%	甘肃45.4%	吉林44.2%	河北63.5%
江西42.6%	河北43.6%	湖北40.7%	安徽42.8%	贵州56.2%
广西39.5%	黑龙江43.3%	新疆40.4%	江苏41.5%	上海52.1%
河南36.5%	西藏41.3%	四川38.7%	北京40.3%	天津47.9%
青海36.4%	内蒙古41.2%	宁夏35.6%	浙江33.4%	江苏47.8%

续表

2008年	2007年	2006年	2005年	2004年
贵州 34.4%	云南 39.2%	北京 35.6%	湖北 29.0%	湖南 44.9%
湖南 33.8%	江西 38.3%	湖南 34.3%	山东 28.4%	甘肃 39.9%
河北 33.6%	重庆 36.5%	广西 33.4%	重庆 27.8%	浙江 37.8%
陕西 27.5%	湖北 36.0%	浙江 31.9%	河南 27.6%	陕西 37.6%
宁夏 27.0%	吉林 29.6%	江苏 30.8%	天津 27.1%	云南 37.5%
安徽 26.9%	山东 29.6%	安徽 30.1%	辽宁 26.0%	宁夏 36.6%
重庆 24.4%	安徽 28.3%	河南 29.3%	广东 25.2%	山东 34.3%

资料来源：根据《海关统计》各年中"境内目的地和货源地"的流量计算得到。

三、中国出口商品的国际地区结构

从我国的出口商品国际地区结构来分析，多年来，从洲际地区来看，我国出口严重依赖亚洲；从经济集团来看，我国的对外贸易主要依赖欧盟和北美自由贸易区；从国家和地区来看，主要依赖欧盟、美国和中国香港。我国对外出口的国际地区比较集中，这导致了我国对欧盟和美国等地区和国家贸易依赖性强，同时也导致了与这些地区贸易摩擦频发。但从表 7－5 和表 7－6 我们也可以看出，我国正在努力实现出口地区多元化。近年来，对俄罗斯、印度、巴西等的出口贸易增速明显。

表 7－5　2002—2008 年中国十大出口市场的贸易增长速度　单位：%

年份	2008	2007	2006	2005	2004	2003	2002
欧盟	19.5	29.2	26.6	34.1	36.9	49.7	17.9
东盟	20.7	32.1	28.8	29.1	38.7	31.1	28.3
美国	8.4	14.4	24.9	30.4	35.1	32.2	28.9
日本	13.8	11.4	9.1	14.3	23.7	22.7	7.8
中国香港	3.4	18.8	24.8	23.4	32.3	30.5	25.6

续表

年份	2008	2007	2006	2005	2004	2003	2002
中国台湾	10.3	13.1	25.3	22.2	50.4	36.7	31.7
韩国	31.0	26.1	26.8	26.2	38.4	29.4	23.8
俄罗斯	15.9	79.9	19.8	45.2	51.0	71.4	29.9
印度	31.2	64.7	63.2	50.5	77.3	25.2	40.9
巴西	64.9	54.1	52.9	31.4	71.5	46.3	8.5

资料来源：《海关统计》各年12月数据计算得到。

表7-6　2002—2008年中国十大出口市场贸易份额的变化　单位：%

年份	2008	2007	2006	2005	2004	2003	2002
欧盟	20.5	20.1	18.8	18.9	18.1	16.5	14.8
东盟	8.0	7.7	7.4	7.3	7.2	7.1	7.2
美国	17.7	19.1	21.0	21.4	21.1	21.1	21.5
日本	8.1	8.4	9.5	11.0	12.4	13.6	14.9
中国香港	13.3	15.1	16.0	16.3	17.0	17.4	18.0
中国台湾	1.8	1.9	2.1	2.2	2.3	2.1	2.0
韩国	5.2	4.6	4.6	4.6	4.7	4.6	4.8
俄罗斯	2.3	2.3	1.6	1.7	1.5	1.4	1.1
印度	2.2	2.0	1.5	1.2	1.0	0.8	0.8
巴西	1.3	0.9	0.8	0.6	0.6	0.5	0.5
其他	19.6	17.9	16.7	14.8	14.1	14.9	14.4

资料来源：根据《海关统计》各年12月数据计算得到。

四、我国优化贸易出口结构的策略选择

从我国贸易出口结构的现状来看，无论是出口商品结构，还是对内、对外的出口地区结构都存在一定的问题。因此，不断优化我国的外贸出口结构，确保我国对外贸易的安全稳定，促进我国对外贸易和经济持续健康发展具有

重要的现实意义。

（一）优化出口商品结构

首先，由于我国出口商品主要集中在少数产品上，在当前贸易摩擦泛滥的情况下，贸易风险较大。所以我国要根据国际经济发展的新趋势，大力推动高新技术产业的发展，利用先进技术对现有优势产品进行改造升级，提高产品的附加值和技术含量，提高产品的竞争力以维持和扩大国际市场。

其次，由于我国现在在国际市场上具有比较优势的产品大多是劳动密集型产品，技术含量低，缺乏竞争力，缺乏知识产权和核心技术，不仅大幅减少了我国贸易的利益，而且加大了发达国家对中国的贸易保护。

因此，我国必须大力进行核心技术的研发，提高自主创新能力，提高自主知识产权。21世纪是知识经济的时代，我国企业应该为此做好准备，加大教育投资、技能培训来提高我国的企业工人的劳动素质，从而为价值链的攀升和产业结构的升级做好准备。

（二）优化国内出口地区结构

我国对外出口地区结构的不平衡导致了我国经济发展的不平衡，为了优化国内出口的地区结构，应该做好如下几点：首先，应该加强对外开放，充分利用外资。从我国的经验来看，开放度和利用外资额对我国省市的经济贸易发展影响显著。例如广州、江苏等省就是通过大量引进外资、扩大开放而发展起来的。因此，我国应该在政策上帮助和扶持中西部地区利用资源优势，扩大开放度，大力引进外资，来缩小同东部地区的差距。同时，由于我国经济的快速发展，资本积累不断增厚，因此应该加大对落后省市的投资力度，增强其基础设施建设，改善投资环境。也可以制定特殊的政策措施，为经济不发达地区吸引人才、促进就业。其次，中西部地区也应该从内部入手，提高投资效率。应该大力扶持本地企业，提升其技术水平和经验效率，加快现代企业制度建设。加快市场化程度，深化投融资制度改革，提高投资的市场化程度，防止低水平的重复建设，努力发展高科技产业，打造自己的国际品牌。最后，应该加强经济发达地区与落后地区的互动发展，以实现优势互补和资源互补，最终实现共同发展。东部省市可将一部分技术含量低的产业转移到中西部地区，在促进了中西部发展的同时也为东部地区进行产业结构升级奠定了良好的基础。国家也应该加强区域经济合作进程，健全市场机制，打破贸易的区域限制，促进资金、技术的自由流动。支持和鼓励区域经济、技术、人才合作。

（三）减少对外部市场的依赖性

我国外贸依存度过高、对外出口主要集中在少数国家和地区，增加了我国的外贸风险，不利于我国经济的稳定发展。首先，应该促进内需，减少我国经济对外的依赖性。我国应该在大力发展外需的基础上，努力促进内需，实现内外经济的均衡发展。我国人口众多，经济发展迅速，内需市场潜力很大，在国际经济形势日益复杂的情况下，大力发展国内市场，对于我国经济的稳定和产业结构的优化升级具有重要的作用，也是我国经济发展的立足点和长期发展的坚实基础。其次，我国应该培养自己的跨国公司，减少对外资企业的依赖。我国的外资企业出口占我国出口总额的60%左右，我国经济对外资企业依赖性很强，这不利于我国经济的稳定，也存在很大的外贸风险。我国要从贸易大国转变为贸易强国，就必须着力发展和培养我国自主的大型跨国公司。跨国公司可以利用国内和国外的资源和市场，大大增强国际生产要素的流动性，依托其雄厚的经济实力进行自主研发，开发核心技术，打造自主知识品牌。大的跨国公司可以提升母国的产品竞争力，减缓贸易摩擦，降低对外的贸易依存度，降低国际的外贸风险。最后，我国应该加强区域经济合作，积极开拓新市场。我国对外出口地主要集中在亚洲、欧洲和北美市场，贸易地区过于集中，导致了这些国家和地区和我国的贸易摩擦不断发生。因此，我国应该大力开拓新市场，优化我国的国外出口地区结构。在巩固发达国家市场的同时，特别要注重开发发展中国家的新兴市场，该市场潜力巨大。我国作为最大的发展中国家，在资金、技术上可以为发展中国家提供大的支持和帮助，同时要加强与发展中国家的经济合作。在利益双赢的情况下，发展中国家可以利用我国的技术经验快速发展，我国也可以分散商品出口地，减少我国对外贸易的风险。

（四）充分发挥政府的调控作用

政府宏观调控对于出口商品结构的优化具有关键性的作用。单纯依靠市场本身的力量自发调节不仅缓慢，而且还会面临市场失灵等一系列问题。因此，需要积极发挥政府的宏观调控作用，通过政策倾斜来弥补某些要素的缺失，发挥其优势。政府应该制定短期与长期协调发展的外贸结构发展战略，并结合这些战略制定行之有效的政策措施。比如通过调整出口退税制度来限制资源性产品出口，鼓励高科技产品出口；又如通过优惠政策来保护幼稚产业，增强某些产业的国际竞争力等等。

第三节 加强区域经济合作

区域经济一体化是当今世界经济发展的重要趋势，一个国家参与区域经济一体化，形成经济联盟，可以更好地发挥比较优势，共同增强抵御经济、贸易风险的能力。为了保持我国对外贸易经济的稳定增长，实现从贸易大国到贸易强国的转变，中国必须加强区域经济合作，通过区域经济一体化来化解世界经济波动的风险，保护我国的战略性产业和幼稚产业，为我国外贸出口营造良好的国际环境。

一、国际区域经济合作现状

伴随着全球经济一体化的发展，从20世纪90年代开始，以区域贸易安排为中心的国际区域经济合作成为经济全球化发展的主流趋势。截至2006年9月，全球生效的区域贸易协定达211个，其中84%采取自由贸易区的形式。据WTO统计，到2007年7月，成员方已经通知WTO的区域贸易安排有380件。90%以上的WTO成员已经加入一个或者几个区域贸易协定。全球GDP排名前30位的国家或地区无一例外地参与了不同的区域经济合作组织。而且，近年来区域贸易协定涵盖领域越来越广，从关税减让扩展到非关税壁垒减让，从贸易扩展到投资，从经济领域扩展到了非经济领域等。

目前欧洲是区域贸易协定最集中的地区，占全球已实施数量的50%以上。过去10年间，美洲是区域经济合作发展最快的地区，按照1994年迈阿密美洲34国首脑会议的决定，在北美自由贸易区南扩的基础上，成立美洲自由贸易区，其目的是要在西半球建立一个世界上面积最大、年GDP总值达14万亿美元、拥有8亿人口的自由贸易区。北非和中东地区设想以“欧洲—地中海伙伴关系”为基础，形成一个由欧盟和12个地中海南岸国家组成的政治经济和社会系框架，也称“巴塞罗那进程”，意味着将有39个国家和超过7.5亿人口被纳入其中。其主要目标是到2010年逐步建立“欧洲—地中海自由贸易区”。非洲主要区域贸易协定组织已经提出在2028年建立非洲经济与货币联盟的目标。

二、中国区域经济合作的现状

我国在2001年签订了第一个区域贸易协定《曼谷协议》，到2007年10月，我国已经商谈的自由贸易区达到了15个，涉及29个国家和地区。但是我国的区域一体化程度还是比较低的。区域经济一体化的层次由低到高可以划分为优惠贸易安排、自由贸易区、关税同盟、共同市场、经济同盟和完全经济一体化等几个层次。由于我国区域经济一体化进程起步较晚，目前仍处于“优惠贸易安排”这一阶段。目前的“10+3”、上海合作组织、亚太经合组织（APEC）、亚欧会议、中非合作论坛、博鳌亚洲论坛等在合作程度上和水平上都很低，严格来说不算是一个区域一体化组织，没有政府间具有法律效力的协议束缚。

而且中国建设区域经济一体化，是兼顾经济效益和政治关系为前提的，这虽然能给中国建立一个良好的国际环境，但是经济效果不够理想。例如，中国—东盟自由贸易区，虽然对中国战略意义重要，但由于东盟经济发展水平低，并且与中国的产业结构相似，不能给中国带来大的经济效益。

三、我国参与国际区域经济合作的必要性

为了更广更深地参与国际分工，提升中国经济在全球的地位，推动我国贸易、投资的发展，化解和防范经济全球化风险，参与国际区域经济合作是中国的必然选择。首先，随着世界区域经济一体化范围的扩大，区域内贸易总量快速攀升，而且通过区域一体化可以回避多哈发展议程中断带来的贸易自由化进程中断，还能提高产业竞争力和国家竞争力。今后，没有参加任何区域经济一体化的国家在国际贸易中将愈来愈受到限制。而且，参加区域经济合作有利于实现我国出口市场多元化的目标，改变长期以来出口严重依赖欧美市场的局面，同时有利于整合全球技术、资本、人才、能源等要素，有效解决我国经济建设的资源约束，并能加快推进人民币国际化进程。从国家安全角度来看，参与区域经济合作有助于维护周边国家稳定，实现安邻、睦邻、富邻的目标，为我国经济发展创造良好的外部环境。同时还能获得区域内环境保护、资源共同开发及消除历史矛盾等多种收益。

通过区域经济合作可以为我国建立良好的国家政治、经济环境。作为最大的发展中国家，我国通过积极参与亚洲区域经济合作有助于提高我国在亚洲地区经济和政治事务中的影响力，通过参与拉美、非洲等发展中国家区域合作，有助于提高我国在全球第三世界国家中的威信，通过

积极发展与发达国家的经济合作，将有助于发挥我国在世界经济政治中的话语权，提升全球地位。而且，引入和借鉴国际区域经济合作机制，使中国港、澳、台地区经济更紧密地融入祖国大陆，这无疑对促进我国统一大业具有重要的意义。

四、中国加强区域经济合作的策略选择

为了加强区域经济合作进程，我国应从以下几个方面入手。

第一，要继续利用中国已经参加的亚太经合组织（APEC）、上海合作组织等舞台，加强与有关国家的合作，增进与美国的对话，有效开展政策协调，为应对贸易保护创造良好的外部环境。

第二，要继续推进中国—东盟自由贸易区建设。中国—东盟自由贸易区是中国与其他国家建立的第一个自由贸易区，迄今已经签订了《中国—东盟全面经济合作构架协议》、《货物贸易协议》、《争端解决机制协议》等，部分贸易商品互降关税已经实现，这将为中国参与国际产业转移、有效应对美国对华贸易保护提供强有力的经济贸易支持。

第三，可考虑牵头推进大中国经济一体化进程，进一步加强与中国香港、澳门特别行政区和台湾地区的经贸联系。《内地与香港关于建立更紧密经贸关系的安排》、《内地与澳门关于建立更紧密经贸关系的安排》（CEPA）相继实施，已经使内地与香港、澳门的经贸关系空前密切，有力地促进了香港、澳门的经济繁荣和产业结构优化。可以考虑以CEPA的内容为基础模本，加强与台湾地区的协商，落实若干可操作的商品、服务、投资自由化政策，在

“一国两制”的政治架构下，建立“两岸共同市场”，并吸收香港、澳门特别行政区参与，形成大中国经济体。

第四，积极与中亚地区建立次区域经济合作。中亚地区具有重要的战略地位，特别是在世界能源战略中具有举足轻重的影响。要进一步密切与中亚地区国家的合作，增强中国在相关事务中的“话语权”，在缓解美国对华贸易保护方面争取主动。

第五，进一步推进中澳自由贸易区、中韩自由贸易区、中新自由贸易区、中秘自由贸易区等的发展，增进与日本的经济对话和协调，进一步拓展中国对外经贸合作空间，增强中国在亚太地区的影响力。

第四节 扩大对外投资

国际直接投资和国际贸易都是国际经济的重要组成部分，国际贸易一直在国际经济中占据主导地位，但是随着经济全球化的加速，国际直接投资取得了快速发展。1970—2006 年世界直接投资流量从 142 亿美元扩大到 12158 亿美元，增加了约 85 倍。对外直接投资可以将产能过剩、高耗能的产业转移到资源相对丰富的国家和地区，也可以引进外国的先进技术和管理经验，有利于投资国的产业结构升级，还可以在现行的贸易体制下绕开贸易壁垒，以减少贸易摩擦。

一、中国对外投资现状

近年来，我国对外投资取得了快速发展，中国非金融类对外投资额从1990年的9亿美元飙升至2009年的565.3亿美元，20年间增长了60多倍。特别是近些年来取得了快速的发展，但与发达国家相比还存在一定的差距（表7-7、表7-8）。

表7-7 2002—2009年中国非金融类对外直接投资额 单位：亿美元

年份	2002	2003	2004	2005	2006	2007	2008	2009
流量	27	28.5	55	122.6	211.6	265.1	559.1	565.3
存量	299	332	448	572	906.3	1179.1	1839.7	2457.5

资料来源：中国商务部网站。

表7-8 2009年世界主要国家对外直接投资流量 单位：亿美元

国家	美国	法国	日本	德国	中国	俄罗斯
流量	2480.1	1471.6	747	627.1	565.3	460.6

资料来源：中国商务部网站。

近些年来，从中国对外投资的洲际分布来看，中国的对外投资主要集中在亚洲和拉丁美洲。2009年，中国在亚洲地区投资额为404.1亿美元，占投资总额的71.4%，在拉丁美洲投资额为73.3亿美元，占投资总额的13%；在欧洲地区投资额为33.5亿美元，占投资总额的5.9%；在非洲投资额为14.4亿美元，占投资总额的2.6%；在北美的投资额为15.2亿美元，占投资总额的2.7%；在大洋洲投资额为24.8亿美元，占投资总额的4.4%。且在各洲际的国家都比较集中，亚洲主要集中在中国香港，北美洲主要集中在美国，大洋洲主要集中在澳大利亚，拉丁美洲地区主要集中在开曼群岛和英属维尔京群岛，欧洲主要集中在卢森堡等。从投资存量来看，发达国家占比偏低，占中国总对外投资存量的7.4%，主要集中在美国、欧盟、加拿大和日本。

从中国对外直接投资流量的行业分布来看，到2009年，商务服务业为204.7亿美元，占投资总额的36.2%；批发和零售业为61.4亿美元，占投资总额的10.8%；采矿业为133.4亿美元，占投资总额的23.6%；金融业为83.7亿美元，占投资总额的15.5%，交通运输和仓储业为20.7亿美元，占投资总额的3.7%；制造业为22.4亿美元，占投资总额的4%；房地产业为9.4亿美元，占投资总额的1.6%。

从我国的投资主体来看，2009年，在中国对外投资存量中，国有企业占69.2%，有限责任公司占22%，股份有限公司占5.6%，股份合作企业占1%，私营企业占1%，集体企业占0.3%。其中中央企业和单位占80.2%，地方企业和单位占19.8%。

从我国国内的投资地区结构。对外直接投资企业主要集中在东南沿海地区。截至2009年，广东省、北京市、上海市、浙江省、山东省、江苏省、湖南省、福建省、辽宁省、黑龙江省为我国对外直接投资存量前十位的省市。

从投资方式来看，我国的对外投资方式已经由最初的货币投资、实物投资方式转向了跨国并购等方式，并且我国企业越来越多地采取了入股及股权置换等方式进行对外投资。

二、我国扩大对外直接投资的必要性

改革开放以来，我国经济连续多年保持持续稳定快速的增长，创造了“中国奇迹”。目前，中国已经成为了名副其实的贸易大国和经济大国。雄厚的经济基础加上中国的国际地位日益上升，这为中国企业“走出去”的提供了保障。随着经济全球化的不断加深，世界各国之间的经济联系越来越紧密，彼此依赖程度越来越强，世界各国都在积极地扩大对外开放和投资，努力扩大融入国际分工的深度和广度。中国也越来越重视对外直接投资，并积极主动地融入国际分工，分享经济全球化带来的经济利益。只有这样才能在复杂多变的全球经济活动中掌握主动权，确保我国经济持续健康的发展。

而且我国现在环境污染问题严重、资源匮乏，迫切地需要找到有效途径解决这些问题。通过对外直接投资，我国企业可以把高污染、高耗能的产业进行国际转移，这不仅在一定程度上缓解我国的资源环境压力，而且可以让我国企业集中精力发展新兴产业。我国企业可以通过对外直接投资的方式，到资源丰富的国家寻求我国紧缺的资源，到技术水平发达的国家学习先进技术，借以缓解我国的资源、技术压力。当前我国正面临着全球经济失衡、对华贸易摩擦泛滥、人民币升值压力不断增大等问题。通过对外直接投资可以在一定程度上平衡对外贸易、缓解外汇储备的持续增加压力，以及由此带来的一系列问题。

随着经济全球化进程的加快，跨国公司在世界经济舞台上扮演着越来越重要的角色，所起的作用越来越大。一个国家拥有的大型、优质跨国公司的数量已经成为衡量这个国家经济实力和国际竞争力的重要标志。中国在这方面还比较落后，因此，中国要想真正的融入国际分工，提高自己的国际地位和对外贸易收益，就应该加快培育一批具有国际竞争力的大型跨国公司。其最有效的途径就是通过扩大对外直接投资，引导和支持我国的大型优质企业走出国门，不断学习和积累国际经验，逐步缩小与世界大型跨国公司的差距，培育中国的跨国公司。

三、中国对外直接投资的路径选择

（一）投资产业选择

国际投资活动中，产业选择不仅能保障跨国投资主体的收益增长，还能带动产业成长，推动产业结构升级。中国现阶段对外投资选择合理的产业尤其重要。

首先，由于中国资源供应紧张，这已经严重束缚了中国经济的增长，因此，中国对外直接投资的首先应该是参与海外资源性产品的开发与生产，通过资源性投资项目的鼓励、扶持措施，实现对外资源投资的扩张，为经济发展提供资源保证。还应鼓励制造业企业把高能耗的生产环节向境外能源供给便利的地区转移，以降低生产成本，减缓国内的资源环境压力。

其次，鼓励具有竞争优势的企业和产业，通过对外投资，整合国外资源，强化自身优势，提升优势产业在经济中的地位；并且将已失去或正在失去优势的产业转移到具有相对优势的国家和地区，延续这些产业的生命力，同时也为国内产业的调整、新兴产业的发展提供空间。要扩大对发达国家的高新技术产业的学习型投资，创建高新技术子公司或并购当地拥有高新技术的公司，借以进行研发和引进新技术、新工艺和新产品设计，实现高新技术的回流、带动国内产业的升级。

再次，要重点发展具有比较优势的制造业投资。产品附加值较高的制造业，如机械行业等，由于其技术是与原材料、零部配件等高度结合的，对外直接投资可以带动中国相关技术、原材料和零部配件的出口，因此具有明显的贸易创造效应。遭受贸易壁垒的行业，如纺织品业等，由于直接出口的困难较大，出口成本提高，为了规避这一壁垒，企业可以选择对外直接投资作为对贸易的替代，补充市场的贸易损失。如果在投资中可以使用国内原材料，则可以促进国内原材料的出口，对贸易起到一定的补充作用。制造业的对外直接投资既可能产生替代效应，也可能会有创造效应。

最后，要逐步增加对金融业等服务业的投资比重。近10年来，世界对外直接投资中对金融、保险、商务服务等服务业的投资大幅度增长。服务业已成为世界对外直接投资的最主要产业。服务业的对外投资，可以在全球范围内形成一个更大的服务交易网络，带给更多的企业，尤其是中小企业进入国际市场的机会。以金融业、运输、电信为代表的现代服务业的发展，使得不同生产规模的企业都可利用国际服务链进行高效率的分散生产，更多的企业参与到跨国生产经营活动中。

（二）投资区域选择

一国的企业在对外投资时首先要对投资国的区位优势进行科学分析与评价，制定对外直接投资的区位战略，充分利用投资国的区位优势，能够获取最佳投资效益。

首先，我国应该巩固和扩大对发展中国家的直接投资。目前，我国的家电、纺织、轻工等一些行业已普遍出现了产能过剩等问题，这些行业要想获得进一步的发展，就必须寻找到新的出口市场。同时，当前中国在国际分工中总体上处于中游地位，虽然中国的工业制造业发展水平同发达国家相比尚有差距，但是相对于发展水平更低的发展中国家而言，中国某些产业仍然具有一定的比较优势。通过对外直接投资，将这些相对优势产业转移到其他发展中国家去，不仅有利于中国成熟技术优势的发挥，带动国内技术、机器设备等的出口，也有利于双方产业结构的优化和升级。此外，许多发展中国家拥有丰富的自然资源，限于资金、技术的短缺尚未得到开发利用，对这些国家进行直接投资可以解决中国某些自然资源短缺的问题。另外，通过对某些发展中国家的直接投资，还可以利用东道国享有的贸易优惠条件，把产品销往第三国，尤其是发达国家的市场，进一步扩大了中国产品的出口量。

其次，我国应该加强对发达国家的直接投资。通过对发达国家，尤其是技术和智力资源密集的国家进行直接投资，通过建立研发机构或建立资本和技术密集型合资企业，能学习到发达国家的高新技术，同时还可以汲取国外先进的产业技术和管理经验，带动我国国内产业结构的升级，创造出新的比较优势。在对发达国家的投资中，应将美国列为中国对外直接投资的一个重点区域。美国既是当今世界资本输出大国，也是全球最大的投资市场。美国具有优越的投资环境，科技发展水平处于世界前列，特别是计算机、生物工程、新材料、航空航天等领域都处在世界领先地位。中国企业虽然还不具备对美国进行大规模技术密集型投资的条件，但应根据需要与可能，有选择地增加在高科技领域与美国公司的合资合作，促进国内技术进步。此外，中国制造业中一些优势产业，如家电，纺织服装等，在发达国家有着旺盛的市场需求，但其本土企业大多处于衰退境地，通过对外直接投资整合发达国家的衰退企业，可以绕开贸易壁垒，减少贸易摩擦，扩大市场占有率。

（三）投资主体的选择

无论是发达国家还是发展中国家，对外直接投资的主体都是股份制公司或私人企业，很少是国有企业。在中国对外直接投资中，尽管投资主体呈多元化格局，但居主导地位的仍然是国有企业。中国对外直接投资仍处于初级发展阶段，投资主体的发育尚不成熟，参与对外直接投资活动的企业无论在规模和结构方面，还是在经济实力和技术水平方面，与发达国家跨国公司相比还有较大的差距。中国对外直接投资的主体企业选择，应基于两个标准：一个是企业制度，另一个是企业规模。其中制度上应以非国有企业、国有控股大型企业为主，这类企业的海外投资，对于中国长远跨国投资，可以起到某种正面的“广告”效应。由于国际市场结构的复杂性、行情的多变性和竞争的激烈性，企业对外直接投资将面临着比国内投资更加复杂的环境、更大的风险和更为激烈的竞争，企业如果不具有一定的规模和实力，是很难在激烈的竞争中立于不败之地的。中国企业要积极参与国际投资市场竞争，也必须有意识地培育一批大型跨国公司，这对中国对外直接投资的长远发展至关重要。当然，在以大型跨国公司或企业集团为主塑造中国对外直接投资主体的同时，不能忽视中小企业在对外直接投资中的作用。中小企业经营机制灵活，应变能力较强，他们往往拥有一定的成熟技术和传统技术等优势，尤其能适应发展中国家小规模技术投资经营的需要。但是中小企业的经营风险较大，存在经营资源不足的问题。为了扬长避短，可以借鉴日本、韩国和中国台湾对外直接投资的经验，采取大、中、小企业并举的战略，即中小企业利用大企业的辐射和带动作用，主动跟随大企业，为其生产配套产品，也可以将中小规模的企业联合在一起（如相互投股）开展对外直接投资。

结　语

笔者通过本研究，在本书中主要得到如下的结论：

一、美国无论是过去、现在还是将来，总是要实行保护主义、自由贸易和武力威胁“三手并举”的政策

美国对从外国的进口实行保护主义政策，限制别国的产品进入美国市场；要求别国实行自由贸易政策，为美国的出口开放市场；动辄动用武力、发动战争以求达到贸易无法实现的目标。美国这种“三手并举”的政策是不会改变的。我国必须对此做好长期的应对策略。

二、新贸易保护主义比旧贸易保护主义更具有欺骗性和危害性

新贸易保护主义所实施的政策措施种类更多，形式上更加隐蔽；保护的对象扩展到了几乎所有商品和服务的类别；新贸易保护主义所打的旗号更加冠冕堂皇，力图使贸易保护主义合法化；新贸易保护主义的花样不断翻新，以保护环境、保护人权、保障劳工权益等为借口，采取所谓合理的贸易保护措施。美国的新贸易保护主义，还“新”

在不仅对从中国的进口进行限制，而且还对美国企业向中国出口也进行了严格的限制。

三、中美贸易失衡对美国有利无害

美国政府一直以中美贸易失衡危害美国经济发展为由，对中国实施贸易保护政策。但笔者通过理论分析和实证分析相结合的方法对其进行研究后发现，中美贸易失衡对美国是有利无害的。因为在美元本位制的国际货币体系下，美国可以超发美元，中美贸易逆差的扩大意味着美国从中国进口了更多的物美价廉的商品，增加了美国人民的福利。同时，中国持有巨额的美国国债，相当于对美国进行了间接的投资，也大大促进了美国经济的增长。

四、美国对华新贸易保护主义使中美同遭损害

虽然贸易是互利互惠的，但是美国为了遏制与延缓中国的发展，一再实施对华贸易保护主义政策。但这是一把双刃剑，美国对华贸易政策同样也对美国造成了损害，美国限制从中国进口，使得广大美国消费者买不到中国物美价廉的商品，造成了美国总体福利的损失；美国限制高科技产品向中国出口，又导致了美国有效需求的不足，使美国国内工业产业空心化，导致美国的工业结构扭曲，不利于美国经济的发展，并增加了美国的失业率。同样，美国对中国的一系列贸易保护政策，也造成了我国人民币对内贬值对外升值的矛盾，增加了我国的通胀压力，危害了我国的金融安全，损害了我国金融部门的宏观调控效果。而且，频繁的贸易摩擦，增加了我国出口企业的风险，导致部分企业利润下降，甚至破产倒闭，使一些工人下岗失

业。限制高科技产品对中国出口，延缓了我国的产业结构优化升级，阻碍了我国经济的快速健康发展。

五、美国遏制中国的战略很难改变

由于中美两国在意识形态、政治体制上的差异，加上中国台湾、人权等问题，导致中美两国在政治上、在战略上难以互信。由于中国的快速发展，世界政治经济格局正在发生变化，美国世界霸主的地位遭到了挑战，美国一定不会坐视不理中国的崛起，这从美国历史上对英国、前苏联、日本的遏制可见一斑。在经济上和政治上遏制中国的崛起，这是美国制定对华贸易政策的根本目标。美国频繁挑起的对华贸易摩擦只是为了达到这个目的的一个手段。而且随着中国经济的快速发展，中国的经济实力将进一步增强，中美经济发展速度的差异必将导致中美经济实力的差距进一步缩小。中国经济实力增强了，在世界的政治地位、影响力也将随之加强，这些都是美国所不希望看到的。因此，美国对华的遏制战略很难改变，而且还可能加强，这将导致中美贸易摩擦进一步加剧，而且将是一个长期化过程。

参考文献

[1] 马克思:《资本论》（第三卷），人民出版社2004年版。

[2] 马克思:《资本论》（第1—3卷），人民出版社1953年版。

[3] 马克思:《马克思恩格斯全集》（第13卷），人民出版社1962年版。

[4] 凯恩斯:《就业、利息和货币通论》，商务印书馆1999年版。

[5] 凯恩斯:《预言与劝说》，江苏人民出版社1997年版。

[6] 凯恩斯:《货币论》，商务印书馆1997年版。

[7] 亚当·斯密:《国民财富的性质和原因的研究》，商务印书馆1996年版。

[8] 马歇尔:《货币、信用与商业》，商务印书馆1997年版。

[9] 约翰·穆勒:《政治经济学原理》，商务印书馆2005年版。

[10] 蒙代尔:《蒙代尔经济学文集》，中国金融出版社2003年版。

[11] 奥伯斯菲尔德、罗戈夫:《高级国际金融学教程：国际宏观经济学基础》，中国金融出版社2002年版。

[12] 克鲁格曼:《国际经济学》，中国人民大学出版社1998年版。

[13] 保罗·克鲁格曼:《萧条经济学的回归》，中国人民大学出版社1999年版。

[14] 巴罗:《现代经济周期理论》，商务印书馆1997年版。

[15] 罗默:《高级宏观经济学》，商务印书馆1999年版。

[16] 劳伦斯·S. 科普兰:《汇率与国际金融》，中国金融出版社2002年版。

[17] 贾恩卡洛·甘道尔夫:《国际金融与开放经济的宏观经济学》，上海财经大学出版社2006年版。

[18] 吴易风:《当代经济理论研究》，中国经济出版社2008年版。

[19] 吴易风:《经济全球化与新自由主义思潮》，中国经济出版社2005年版。

[20] 杨惠昶:《金融学原理》，科学出版社2006年版。

[21] 杨惠昶:《论理想的价值标准——国际货币体系演变的研究》，吉林大学出版社2001年版。

[22] 姜波克:《开放经济下宏观金融管理》，复旦大学出版社1999年版。

[23] 杨惠昶:《国际金融》，吉林大学出版社1994年版。

[24] 杨惠昶:《国际经济学》，吉林大学出版社2000年版。

[25] 杨玉生:《新古典宏观经济学》，经济日报出版社2007年版。

[26] 伍楠林、李大光:“反倾销税实施的经济效应

分析及对我国的启示”,《理论探讨》2006 年第 4 期。

[27] 叶方同、冯德连:“绿色贸易措施与国际绿色营销研究”,《中国软科学》1998 年第 6 期。

[29] 陈传兴:“新贸易保护主义产生原因及对策”,《国际贸易》2006 年第 4 期。

[30] 陈万灵、任培强:“经济危机下贸易保护主义新趋势及其对策”,《对外经贸实务》2009 年第 6 期。

[31] 杰拉尔德 · H. 安德森、欧文 · F. 赫佩奇:“新贸易主义的基本分析”,《经济效果》1983 年第 1 期。

[32] 梅新育:“把脉当前全球贸易保护主义的风向”,《中国外汇》2009 年第 7 期。

[33] 诺贝尔特 · 冯克:“新贸易保护主义的一种形式:贸易性投资措施”,《国际商务(对外经济贸易大学学报)》1995 年第1期。

[34] 秦法萍、郭立银:“对当代新贸易保护主义的主要特点的思考”,《前沿》2006 年第 10 期。

[36] 沈伯明:“新贸易保护主义的十大特征”,《经济问题探索》1991 年第 5 期。

[37] 王佃凯:“新贸易保护主义发展的特点、原因与趋势”,《首都经济贸易大学学报》2008 年第 4 期。

[38] 薛荣久:“新贸易护主义与我国对策”,《国际贸易问题》1987 年第 3 期。

[39] 张宁军:“新贸易保护主义的特征演变及其理论依据”,《当代财经》2005 年第 1 期。

[40] 赵瑾:“当代全球新贸易保护主义的十大特点”,《世界经济》2005 年第 3 期。

[41] 曹明福、李树民:“全球价值链分工:从国家比较优势到世界比较优势”,《世界经济研究》2006 年第 11 期。

[42] 金芳:“中国国际分工地位的变化、内在矛盾及其走向”,《世界经济研究》2008 年第 5 期。

[43] 林玲、段世德:“经济全球化背景下的中美贸易利益分配研究”,《世界经济与政治论坛》2008 年第 8 期。

[44] 马正、李芬:“从产业间贸易到产业内贸易——我国贸易结构演变的实证研究”,《国际贸易问题》2006 年第 3 期。

[45] 蒲华林、张捷:“产品内分工与中美结构性贸易顺差”,《世界经济研究》2007 年第 2 期。

[46] 宋玉华、朱思敏:“垂直专业化的贸易利益分配机制研究”,《世界经济研究》2008 年第 3 期。

[47] 隋福民、饶鹏:“开放条件下贸易利益内涵的界定及其相关理论评述”,《国际贸易问题》2007 年第 1 期。

[48] 汪斌、侯茂章:“经济全球化条件下的全球价值链理论研究”,《国际贸易问题》2007 年第 3 期。

[49] 吴解生:“论中国企业的全球价值链‘低环嵌入’与‘链节提升’”,《国际贸易问题》2007 年第 5 期。

[50] 曾铮、张路路:“全球生产网络体系下中美贸易利益分配的界定——基于中国制造业贸易附加值的研究”,《世界经济研究》2008 年第 1 期。

[51] 张先锋、刘厚俊:“我国贸易条件与贸易利益关系的再探讨”,《国际贸易问题》2006 年第 8 期。

[52] 王超美:“中美贸易关系:五十年回顾与展望”,《商丘师范学院学报》2000 年第 10 期。

[53] 张琦、王元龙:“中美双边贸易:兼容性与非兼容性及其走向”,《国际金融研究》2005 年第 8 期。

[54] 胡静寅:“中美贸易摩擦中的经济民族主义分析”,《国际经贸探索》2006 年第 7 期。

[55] 李春顶:“逆向思维:我国对外贸易摩擦的积

极效应之剖析”，《国际商务》2007 年第 2 期。

[56] 张运成：“简析当前中美经贸摩擦”，《现代国际关系》2004 年第 1 期。

[57] 王亚飞：“解析中美贸易摩擦的特有性”，《当代世界》2008 年第 1 期。

[58] 支晓津：“中美经贸关系前景广阔”，《中国经贸》2006 年第 4 期。

[59] 倪建军、王力、王凯：“中美经贸关系现状与前景”，《现代国际关系》2006 年第 6 期。

[60] 史蒂芬·罗奇：“论中美贸易关系的政治化”，《中国发展观察》2007 年第 4 期。

[61] 保罗·萨缪尔森：“自由贸易：福兮？祸兮?”，《经济社会体制比较》2006 年第 1 期。

[62] 柴山桂太：“经济全球化国家管理是关键”，《日本经济新闻》，2007 年 9 月 2 日。

[63] 费德里科·施泰因贝格：“世界贸易的未来：多哈抑或地区主义和双边主义?”，西班牙《对外政策》，2007 年。

[64] 陈艳：“浅谈美国产业结构的演变”，《当代学术论坛》2007 年第 10 期。

[65] 景跃军、王晓峰：“美国三次产业结构现状及未来趋势变动分析”，《东北亚论坛》2006 年第 1 期。

[66] 张敬国：“美国引领全球产业升级意味着什么”，《上海证券报》，2006 年 7 月 17 日。

[67] 成思危：“虚拟经济的形成”，《中国经济周刊》2003 年第 14 期。

[68] 李晓西、杨琳：“虚拟经济、泡沫经济与实体经济”，《财贸经济》2000 年第 6 期。

[69] 王锦锋：“人民币汇率是中美贸易逆差的罪魁

祸首吗?”,《华东经济管理》2005 年第 4 期。

[70] 瞿孝升:“美国对华贸易逆差与人民币汇率的关系研究”,《华南理工大学学报》(社会科学版)2006 年第 4 期。

[70] 刘慷:“人民币汇率与中美贸易逆差的关系研究”,《经济论坛》2007 年第 1 期。

[71] 王丽娜:“中美贸易关系发展的主要障碍及其解析”,《辽宁师范大学学报》(社会科学版)2008 年第 2 期。

[72] 严智杰:“人民币实际有效汇率美中贸易逆差的关系”,《华东经济管理》2007 年第 12 期。

[73] 傅梦孜:“中美经贸关系可能演绎的政治内涵”,《国际经济评论》2007 年第 4 期。

[74] 张建清、熊灵:“中美经贸关系的政治经济分析”,《国外社会科学》2007 年第 6 期。

[78] 周骏宇、周文贵:“中美贸易摩擦:动态与理性透视”,《国家经贸探索》2007 年第 12 期。

[79] 王勇:“美国对华经贸摩擦‘政治化’问题研究”,《美国研究》2008 年第 1 期。

[80] Paul R. Krugman. *International Economics: Theory and Policy* (Third Edition) [M]. New York: Harper Collins College Publishers, 1994. 4.

[81] IMF. *World Economic Outlook*, April 2008.

[82] McKinnon, R. 1979. *Money in Internationa Exchange* [M]. New York: Oxford University Press.

[83] R. A. Mundell. *The Appropriate Use of Monetary and Fiscal Policy Under Fixed Exchange Rate* [M]. March: International Monetary Fund Staff Papers, 1962

[84] Littele, Ian, T. Scitovsky and M. Scott, 1970,

Industry and Trade in Some Developing Countries: *A Comparative Study* [M] . London Oxford University Press.

[85] McKinnon, 1971, *Monetary Theory and Controlled Flexibility in the Foreign Exchanges* [M]. Princeton University Press.

[86] Obstfeld, M. and Rogoff, K. , 1996, *Foundations of International Macroeconomics* [M]. the MIT Press.

[87] Ries, Christine P. and Richard J. Sweeney. 1997, *Capital Controls in Emerging Economies* [M]. Boulder, Colorado: Westvies Press.

[88] Dornbusch, Rudiger, Stanley Fischer and Richard Startz, "*Macroeconomics*", [M] Seventh Edition, Irvin Mc Graw Hill, 1998.

[89] Robert Feenstra. How Costly is Protectionism [J]. *Journal of Economic Perspectives*, 1992, (6): 159.

[90] Joseph E. Stiglitz. *Globalization and its Discontents.* ALLEN LANE The Penguin Press 2002.

[91] Michael Dooley, David Folkerts – Landu and Peter Garber. The Cosmic Risk: An Essay on Global Imbalances and Treasuries. *Deutsche Bank Global Markets Research.* Feb. 2004.

[92] Rodrigo de Rato. Correcting Global Imbalances——Avoiding the Blame Game. *IMF News.* Feb. 23, 2005.

[93] Rodrigo de Rato. Global Imbalances and Global Poverty——Challenges for the IMF. *IMF News.* Feb. 2005.

[94] Jagdish Handa. *Monetary Economics.* Routledge, 2000.

[95] Francisco L. Rivera – Batiz and Luis Rivera – Ba-

tiz. International Finance and Open Economy Macroeconomics. Macmillan Publishing Company, 1985.

[97] Tilak Abeysinghe and Tan Lin Yeok. Exchange Rate Appreciation and Export Competitiveness. The case of Singapore. *Applied Economics*, 2005, 30.

[98] Chou and Chao. Are Currency Devaluation Effective? A Panel Unit Root Test, *Economic Letters*, 2001.

[99] Giovanni Dell' Ariccia. Exchange Rate Fluctuations and Trade Flows: Evidence from the European Union, 1998. IMF Working Papers 1998, No. 107.

[100] Rose and Andrew. One Money, One Market: Estimating the Effect of Common Currencies on Trade. *Economic Policy*, 2000.

[101] Silvana Tenreyro. On the Trade Impact of Nominal Exchange Rate Volatility. FRB of Working Paper, No. 03, 2004, 166.

[102] Reymond F. Mikessell. The U. S. Balance of Payments and the International Role of the Dollar. *American Enterorises Institute for Public Policy Research*. 1970.

[103] Blecker R. *The Balance of Payments——Constraind Growth Model and the Limits to Export—Led Growth*. Edward Elgar. 2002.

[104] Dunaway, S. and Li, X.: Estimating China's Equilibrium Real Exchange Rate. IMF Working Paper No. 202, 2005.

[105] Isard, P., eds, Methodology for Current Account and Exchange Rate Assessments. *IMF Occasional Paper* No. 209. 2001.

[106] Ding Gang. What's Wrong with the Sino - U. S.

Trade Relation? *Global Times*, 2 December 2003.

[107] Lardy, N. R. (2002). *Integrating China into The Global Economy*. Washington, D. C.: Brookings Institution Press.

[108] Sino – U. S. Trade Imbalance Should Be Solved through Development China to be Active to Reduce U. S. Trade Deficit. 2003.

[109] Won W. Koo and Renan Zhuang: The Role of Exchange Rate in Sino – U. S. Bilateral Trade. *Contemporary Economic Policy*, Vol. 25. 362 – 373, July 2007.

[110] Michael F. Martin: What's the Difference? — Comparing U. S. and Chinese Trade Data. *CRS Report for Congress*. April 10, 2007.

[111] K. C. Fung. Lawrence J. Lau and Yangyan Xiong. Adjusted Estimates of United States – China Bilateral Trade Balances——An Update. June 2006. Stanford Center for International Development, Working Paper No. 278.

[112] Wen Hai, Wing T. Woo, and Shunli yao. The U. S. – China Bilateral Trade Balance: Its Size and Determinants. Robert C. Feenstra, May 1998. Paper presented at the UNDPHIID Conference on China's Integration in the Global Economy, January 17, 1998.

[113] Sarah Y. Tong: The U. S. – China Trade Imbalance: How Big Is It Really? March 2005. *China: An International Journal*. Volume 3, No. 1131 – 1154.

[114] Maxwell Opoku – Afari: Measuring the Real Effective Exchange (REER) in Ghana. CREDIT Research Paper.